「傷つきました」戦争

超過敏世代のデスロード

カロリーヌ・フレスト
堀茂樹＝訳

中央公論新社

目次

※本文中の〔 〕は訳者による注を示す。

「傷つきました」戦争——超過敏世代のデスロード

装画　丹野杏香
装幀　鳴田小夜子

はじめに

一九六八年五月のいわゆる「五月革命」のとき、パリの若者たちは「禁ずることを禁ずる」世界――何も禁止しない世界――を夢見ていた。現代の若者たちは、自分の感情を害する、あるいは「傷つける」ものを検閲することばかり考えている。

アメリカでは、この「傷つける」という単語を口にするだけで、たちまち会話を終わらせることができる。女性やマイノリティに向けられる抑圧的で不愉快な語彙《ごい》を厄介払いするために必要な反省から出発していながら、「ポリティカル・コレクトネス」は、これこそ自由殺しといえるような態度に行き着くようだ。これは、対抗関係にある保守派が、当初から、それもこうした逸脱が生じる前から予言していた到達点にほかならない。保守派にとっては、舌なめずりしたくなるような状況である。なぜなら、自由の旗手という素晴らしい役どころが彼らのものになるのだから。

かつて、検閲は、保守的で道徳主義的な右派のやることだった。今日では、左派のほうが検閲に走る。より厳密にいえば、道徳主義的でアイデンティティ至上主義的な特定の左派[1]である。この一派は、自由に徹する精神を捨て、年がら年じゅう、破門や至上命令の言葉を発している。標的にされるのは、知識人、女優、女性歌手、また戯曲や映画などだ。もしこれが、本当の危険に対しての、極右勢力に対しての、文化的支配の欲望がふたたび台頭してきていることに対しての抗議であったなら、幸いなのだが！ しかし、そうではない。無意味に論戦を挑み、スターに、作品に、アーティストに対して怒ったり、いきり立ったりしている。

昨今の世界は、「文化盗用」の名においておこなわれる非常識なキャンペーンに満ち溢れている。キム・カーダシアン〔米国のソーシャライト、一九八〇年生まれ〕が髪を「アフリカン」な編み込みヘアをしたからといって反発し、リアーナ〔バルバドス出身の女性シンガーソングライター、一九八八年生まれ〕がエジプト風の髪型をしたからといって憤激し、「ジャマイカンライス」のことでジェイミー・オリヴァー〔英国人シェフ、一九七五年生まれ〕をボイコットしようと呼びかける、といった事件が頻発している。カナダでは、一部の学生たちが、インド文化を「盗用しないように」と、ヨガの授業の廃止を要求している。アメリカの大学キャンパスでは、学生たちが、同じ理由で学食のアジアンメニューを摘発している。また、彼らは、人を「傷つける」一節を含む古典の名作を学ぶことを拒否することさえ珍しくない。

大学という知の殿堂で、いまや食べることが、さらには考えることまでが恐怖にさらされている。どんな些細な反論でも、微細だからといって見逃すわけにはいかない攻撃――「マイクロアグレッション」――と受け取って憤慨し、ついには仲間だけを受け入れる安全空間――「セーフスペース」――を要求する。安全で、仲間内だけで集まるその安全な空間の中で、他者性と議論から逃れることを学ぶのだ。ジェンダーや肌の色次第で与えられるか、与えられないかが決まる許可の下に、発言する権利それ自体が従属させられているわけだ。この脅しは、特定の教授たちの免職・解雇という事態にまで発展することがある。

フランスは比較的よく抵抗している。だがこの国でも、学生のグループが展覧会や戯曲に対して激怒し、その開催や上演を妨害したり、自分たちの気に入らない講演者の講演を実力でやめさせたり、ときにはその講演者の著書を引き裂いたりすることまである。最悪の時代を思い出させる焚書行為だ。

この文化統制をおこなうのは権威主義的な国家ではなく、社会である。不正に超敏感であることから〝ｗｏｋｅ〟〔ウォーク、英語動詞 wake の過去分詞で「目覚めた」「目覚め

1 Mark Lilla, *La Gauche identitaire*, Stock, 2018, p. 31.

ている」の意）と呼ばれる、「道徳意識の高い」若者たちである。不正に対して敏感なのは、人を属性に還元するやり方や威圧的尋問に陥ることがなければ素晴らしいのだが……。広くミレニアル世代を取り込んでいるのは、反レイシズムやLGBTI運動の大部分を支配し、フェミニズムを分裂させるまでにも至ったアイデンティティ至上主義の左派である。強い反発が起きないかぎり、この左派の文化的勝利はもうすぐ確実なものになる。その影響力のネットワークが労働組合、大学、政党の内部で拡大し、文化業界を手中に収めつつある。この派の策動が、私たちの知的・芸術的生活の上にますます大きくのしかかってきている。これに抵抗するだけの気骨ある人が今日では稀だ。その結果、いまや私たちは、極度にパラドキシカルな世界に生きている。ソーシャルネットワークサービス（SNS）上で憎悪する自由がこれまでになく野放しになっている一方で、リアルな世界での生活では、話したり考えたりする自由がかつてないほど監視されているのである。

一方では、憎悪、嘘、情報歪曲などをそそのかす商売が、甘い事なかれ主義的傾向と規制緩和のおかげで表現の自由の名において護られ、かつてなく繁栄している。他方では、「傷ついた」と称する少数の審問官グループがいるだけで、スターが謝罪したり、絵画や商品、戯曲が取り下げられたりする。この論争が、反レイシズム陣営に、そして世代間に、まぎれもない亀裂をもたらしている。

いわば昨日までは、さまざまなマイノリティが一丸となって、不平等や家父長制的支配に対して共闘していた。それなのに今日では、フェミニズムが「白人の」ものか「黒人の」ものかをめぐって、互いに争っている。「人種」闘争が階級闘争に取って代わったのである。社会階級を理由に罪悪感を抱かせる目的で投げかけられていた台詞、「あなたはどの立場から発言しているのですか?」が、「まず、あなたの出自をはっきりさせてください。そしたら、話していいかどうかを教えてあげます!」という身元確認へと姿を変えたのだ。

白人至上主義の右派による「民族性重視」のカテゴリー分けに対して、アイデンティティ至上主義の左派は異議を唱えるどころか、それに有効性を与え、自らその中に閉じ籠もる。混合や混血を模索する代わりに、私たちの生活や議論を「有色人種」と「非―有色人種」に二分し、アイデンティティとアイデンティティの対立を煽り、しまいには、さまざまなマイノリティに、どのグループがよりマイノリティであるかを競わせる。再考されていっそう多様になる新しい想像の世界をインスパイアする代わりに、検閲してしまうのだ。結果はすでに出ている。知性と文化の廃墟が眼前に広がっている。これで有利になるのは、旧い支配の時代を懐かしむ過去賛美者たちだ。

この本がめざすのは、今の状況から脱出する道筋を見つけることである。[2] くれぐれも断っておくが、同性愛者や黒人やユダヤ人をコケにして鬱憤を晴らしていた旧い時代の再来を願うことではない。また勿論、平等を求めることを、ありもしない「マイノリティの専制」と混同する人びとに味方して、彼らの後ろ盾になることでもない。

幼少期から思春期にかけて、私はホモフォビア（同性愛恐怖症）の連中から侮辱を受け続けたが、それでもめげずに、愛する権利をもぎ取ってきた。私の最初の闘いは、セクシズム、ホモフォビア、レイシズムに対するものだった。私はゲイ&レズビアン・センター（Centre gay et lesbien）の会長として、やがて同性婚の合法化につながることとなった闘争を率いた。同性婚を主張したことで、ろくでもない連中から「汚らわしい性的倒錯者」という罵声を浴びせられた。というわけで、私を鍛え上げてくれたのは平等のための闘いだ。しかし私は依然として、自由のための闘いにも非常に強く執着している。

ジャーナリスト、映画監督、『シャルリ・エブド』紙〔フランスの週刊諷刺新聞、二〇一五年一月に過激イスラム主義者たちに襲撃され、制作編集スタッフら計一二名が殺害された〕の過去の執筆者という職業柄、創作する自由や考える自由のゆくえ、描く自由のゆくえ、さらには嘲《あざけ》る自由のゆくえをも、私は案じている。私のアイデンティティのこれらすべての側面が、平等と自由の間に見出すべき均衡についての私の分析を培った。

2　それゆえこの本は、私が二〇〇六年から打ち鳴らしている警鐘（*La Tentation obscurantiste.* 未訳、仮邦題『蒙昧主義の誘惑』）、多文化主義の危機についての考察（*La Dernière Utopie.* 未訳、仮邦題『最後のユートピア』）、そして表現の自由を護る呼びかけ（*Éloge du blasphème.* 未訳、仮邦題『冒瀆礼讃』、以上三点の著作はすべてグラッセ社刊）を継続するものといえる。

平凡なお母さんも超有名人も

異端審問官の群れ

あらゆる騒乱がそうであるように、現代の異端審問の忌まわしい風が吹き始めるのはSNSにおいてだ。インターネットは、自由の場であると同時に、ありとあらゆる不和の場でもある。利用者は匿名で怒りをぶちまけ、ほんの小さな疑いがあるだけでリンチを仕掛ける。そこで怒り狂う小鬼のような連中を、哲学者のマリリン・マエゾーは「沈黙を謀《はか》る者たち」[3]と呼んでいる。それほど見事に、その小鬼たちは私たちの口を封じるのである。つまり、私たちは、かつてアルベール・カミュ[4]が危惧していた「シルエットの社会」、あの見せかけの世界の到来を体験しているのである。傷つける言葉や行為がいたるところで見出され、それが沈黙の掟の前触れとなる。

「文化盗用」という言葉は、公共の場での討論の中に忍び込んでから、まだわずか一

3 *Les Conspirateurs du silence*, Éditions de l'Observatoire, 2018.

4 Albert Camus, «Le siècle de la peur», «Ni Victimes ni bourreaux»

〇年ばかりしか経っていない。ところが今日、「cultural appropriation」をグーグル検索にかけると、四〇二〇万件がヒットする。まさに洪水である。

猟犬の群れを放つ狩りのごときものが始まったのは、今世紀の初めだった。二〇一二年一一月のある朝、アメリカ人一家の母ハイジは、インターネットで自分が悪口を浴びせられていることに気づいた。いったい彼女の何が罪だというのか？　自分の娘のために、日本趣味をテーマにしたお誕生日会を開催したことだ。前日、彼女はテーブルに桜の花びらを散らし、伝統的な茶碗でお茶を供し、ナイフ・フォークの代わりに上品なお箸を使った。娘の友だちは皆、着物を着たり、芸者風にお化粧したりして大喜びだった。そしてもちろん、スマホで記念写真を撮り、ＳＮＳにそれを投稿した。それが、まずかった。激怒のコメントの群れが「アフター・パーティー」に押しかけてきてお祝いを台無しにし、かつ一家の母親を侮辱し、さらし者にした。

あるネット民は彼女の行為を、「ブラックフェイス」ならぬ「イエローフェイス」だと非難した。あたかも、誕生日のパーティーで芸者風にお化粧することが、白人の俳優が顔を黒く塗って、舞台上で黒人を嘲っていた人種差別の時代とわずかでも関係があるかのように。彼女はまた、娘のしつけがなっていないと責め立てられた。「あんたの子供に、やってはいけないことだと教えろ！」と。念のために言っておくが、傷つけられたと主張したネット民は、全員アメリカ人である。ごく少数の日本出身の発言者は、こういったリアクションに呆然としたそうだ。そのうちの一人は日本在住者だった。彼は、あの一家の母親に襲いかかっている人の憤怒が理解できないと言い、次のように述べた。「文化が共有されるべきでないと思っているのは、あなたのようなレイシストだけだ」。彼が言うには、「日本人のほとんどは、外国人が自ら進んで日本文化を評価してくれるのを歓迎するし、応援する」。この指摘は他の発言者たちからも支持された。「あのパーティーは、異文化体験の一つの方法だ」と。

アメリカ人審問官のあまりの単純さに仰天したある日本人ネット民は、こう書いた。「きみは、『許されること』の限界をどこに設定するの？　もしあの女の子のルーツが日本だったら、オーケーなの？　きみがピザを作っても許されるのは、イタリアで暮らしている場合だけだとでも？」

この問いかけは的を射ている。けれども、群れに襲われるのは恐い。かの母親ハイジのように罵声を浴びせられるかもしれないという恐怖から、ますます多くの親がインターネットを検索し、「ハロウィンパーティーの正しいやり方」を知ろうとするようになっている。同じ年、別の一家の母親が、SNSへの書き込みを介してフォロワーに、「モアナ」パーティーをやってもいいかしらと尋ねた。モアナは、ディズニーの人気アニメ『モアナと伝説の海』〔二〇一六年公開の映画、日本公開は一七年〕のヒロインで、ポリネシア人という設定だ。その母親は、自分たちが家族揃って「まったくの白人で、まったくの金髪」だということも明示した。すると、あるネット民が即興的にバーチャルな家父長を演じ始め、子供たちが「ブラウンフェイス」（顔の皮膚の色を濃くすること）をしないことを条件に、「文化の発揚《はつよう》」は「盗用」にはならないと宣言した。別の母親は、多くの少女がハロウィンにフリーダ・カーロ〔メキシコの現代画家で、民族芸術の第一人者とも目されている。一九〇七～一九五四〕に扮しているのを見かけるが、それを「敬意を欠くこととは思わない」という意見を陳述した。ただし、その女の子たちがカーロの人となりを知っていること、「一本につながった眉毛と綺麗な花飾りだけの女性ではない」と知っていることを期待する、とも述べていた。その期待が叶う見込みは薄い。なにしろ、「文化盗用」訴訟の王国で、見向きもされず、取り込まれることのいちばん少ないのが一般教養なのだから。

このようにして論争に火がつけられたことを、どう説明すべきだろうか？　口火となったのは、反レイシズムのイメージが非常に混乱していることだった。リンチの規模の大きさ、これはわれわれの議論の新しいモードと、「猟犬の群れ」現象２・０に起因する。ＳＮＳのおかげで、もはや社会運動を起こすことも、プラカードを作ることも、抗議行動のために寒い街路を練り歩くことも必要がなくなった。暖かい場所にいながらにして、しかも匿名性に護られて、ブースカ言うことができるのだ。この条件の下、憤慨の理由は当然多くなるし、往々にして取るに足らないものになる。いまや私たちは、消化や呼吸よりも先に絶叫する。ほんの些細な不一致に遭遇しただけで、ごく小さな――顕微鏡でなければ見えないような――虫刺されのたぐいを皮膚の上に発見しただけで、すぐキーボードを叩いて喚《わめ》きはじめる。特に、バーチャルな世界の「友だち」か、または自分の属するデジタル部族の一員が攻撃されている場合には、尚更である。憤激の叫び声を共に上げながら、傷つけられた者たちの輪に加わっていく。

バーチャルのアイデンティティが人びとの現実のアイデンティティをこれほどまでに広く、強く確定したことは、これまで稀にしかなかっただろう。フランスの哲学者、クレマン・ロセ〔一九三九～二〇一八〕によると、「借り物のアイデンティティ」、すなわち「他者の模倣」は、「人格の形成」を可能にする。[5] 現代の若者は主として、インターネット上で他人をリンチにかける者たちを模倣することで、自己を形成している。

5 Clément Rosset, *Loin de moi*, Les Éditions de Minuit, 1999, p. 41.

群れに入れば護ってもらえるだけに、そして、「自分は傷ついた、または、自分は犠牲者だ」と言うだけで注目を集められるだけに、模倣に熱が入る。ちょっと火花を出すだけで、文化盗用を糾弾する投稿を一つするだけで、友だちを作ることも、世間の話題になることもできる。犠牲者という立場が正統性を与えてくれるので、敵の数なんか問題じゃない。「硬い鉄の器」と対立する「柔らかい土の器」であること以上に、誉《ほま》れ高いことはないのだ。

この新しい力関係は、不正や多国籍企業と闘う、独裁者に立ち向かう、暴君をひっくり返す、といった目的があるときには、むしろ好ましく思われる。しかし、コインの裏側には、一家の母親や有名人やアーティストに対する、理不尽で常軌を逸した抗議運動の氾濫がある。

デジタル世界の双方向性の下で、オンラインの報道機関は常によりスピーディに、考える時間を短くして、あらゆることに反応するよう強いられる。マジョリティに対立するマイノリティを演出するわずかな「ストーリー作り」があれば、必ずウェブサイトかブログが飛びつくし、マスメディアの中にも熱狂を拡散してくれるところが出てくる。デジタルコンテンツを作成するジャーナリストたちは、とりわけこれが大好きだ。理由は単純。書くのが簡単なテーマで、時間もかからないし、遊びめいていて、さらには強い反応が出てきやすいからだ。まさに「クリック数を稼ぐ八方美人テーマ」であり、ページ閲覧者のカウンター数値を急上昇させるのにうってつけで、ゆえに経済的に脆弱《ぜいじゃく》なオンライン報道機関の財源でもある。

加えて、今ではフリーの記者（しばしば研修生）のうちに、「意味のあること」と「無意味なこと」を選別する時間のある者も、時間のない中で反射神経を駆使できる者もいないことを考慮すれば、ほんの些細な感情のトラブルのために割かれるコラムの数の多さが理解できるだろう。有名人に関する話題であればなおさらだ。一見さほど問題視しなくてよさそうに見えるこの現象が深刻なのは、こうして表明される怒りにリアルな実質が欠けているのに、また、怒る人々の群れも、しばしば実際にはわずかな数のメンバーから成る小グループでしかないのに、ほぼ毎回勝利を収め、謝罪を獲得したり検閲を成功させたりするからである。

「文化盗用」という新たな冒瀆行為

あるエピソードが、私がこの本を書くきっかけになった。私の友人、タニア・ド・

モンテーニュ〔フランスの文筆家、一九七一年生まれ〕から電話がかかってきた。それより前に、タニアには、大手出版のグラッセ社で私がフィアメッタ・ヴェナー〔フランスの政治学者、作家、一九七一年生まれ〕と共に責任編集している叢書「われらがヒロインたち」への協力を頼んだことがあった。タニアは、忘れ去られた過去の女性たちを蘇らせることを抱負の一つとしていた。いわば、歴史の真のフェミニズム的再読である。彼女が選んだのはクローデット・コルヴィン〔米国の公民権運動活動家、看護助手、一九三九年生まれ〕で、ローザ・パークス〔米国の公民権運動活動家、一九一三～二〇〇五〕よりもずっと前に、バスの席を白人に譲ることを拒んだ最初の黒人女性のうちの一人だった。

その本とある後続のエッセイ[6]をもって、タニアは、レイシズムと闘いつつ、同時に文化的レッテル貼り（＝人種的属性への釘付け）とも闘う経験を卒業したことになる。彼女が私に電話してきたとき、『黒人女性』〔「われらがヒロインたち」叢書に入っているタニア・ド・モンテーニュの著作〕は演劇化されるめどが立っていて、じきに漫画化もされる予定だった。これはひとつの成功であり、それを機に人びとが目を開いてくれることを当然ながら彼女は期待していた。ところが、思いがけない障壁がせり上がってきた。電話越しの彼女の声を聴いて、私はすぐに感じ取った。私たちが日頃から感じている脱力感を。肌の色が白であれ黒であれ、その肌の色を通してしか世界を見ない人びとを前にするときの脱力感を。

「『黒人女性』というタイトルを避けたいみたいなの」。彼女はがっかりした様子で言った。

「誰が？」

「アメリカで漫画を出す出版社の版権買取責任者がそう言うのよ。英語での販売にあたっては、『黒人女性』という題名はつけられないって」

「いったいなぜ？　それ、本のタイトルそのものなのに」

「漫画家の女性が白人だからよ。彼ら、文化盗用で非難されることを恐れているの」

「冗談でしょ？」

「そうであってほしいけど、本当のことよ」

二人してどっと笑った。泣き叫ぶ代わりの笑いだった。

「でも原著者はあなたじゃないの。それに、あの本はアンチ黒人のレイシズムを扱っているのに……。どういうタイトルをつけたいって言うの？　『白人女性』とでも⁉」

6　Tania de Montaigne, *L'Assignation. Les Noirs n'existent pas*, Grasset, 2018.

「何でもいいのよ、『黒人女性』以外なら」

電話でのこの会話を終えるにあたって、私たちは確信した。この世界は狂っている。アイデンティティ至上主義に嵌《はま》りすぎている。念を押しておくが、こうしたパニックは、得てして、ほんの些細な怒りでもあらかじめ見越しておきたがる白人社員たちのメンタリティに由来している。幸いなことに、この件においては編集者が冷静を保ち、著者たちの主張を正しいと認めてくれた。よって、本のタイトルは『黒人女性』となるだろう。それで私たちも安心した。少しだけだけれど。

私はそれでも、このパニックの兆候を理解しようとしている。「黒人」という言葉を使うのが、「アフリカ系アメリカ人」という呼称が習慣化している言語において問題になるというのなら理解できた。[7]だが、今回の問題はそれとは違う。ここで心配されたのは、白人の漫画家が、アンチ黒人のレイシズムに反対する本に著者として名前を出すことなのだ。まるで彼女が自分の肌の色によってそのテーマに関わることを禁じられているかのように。

誠実さなしに反レイシズムを商売にする連中を警戒しようというのなら、私も賛成だ。そういう連中は大勢いて、みんな白人とは限らない。たとえば、文化盗用に反対してきた活動家であるレイチェル・ドレザル〔米国の人権活動家、一九七七年生まれ〕は、実際にはワスプ中のワスプでありながら、長年にわたってアフリカ系アメリカ人だと世間に思わせていた。人工日焼けクリームを自分の肌に塗り込むことで、自分自身を、自らが告発するレイシズムの主要な犠牲者であるかのように見せていた。そのことで人々が彼女を非難するのは理解できる。しかし、白人もレイシズム反対の本を出したり、そういう本にイラストを描いたりすることが許されると感じるのは当然であり、その際、肌の色が白いからといって、そのことを責められるいわれはない。

反レイシズムの最終的な目的は、犠牲者として存在することではなく、偏見を根絶することである。もし人びとが、人間や精神を肌の色によって判断するという昔からの反射的反応から離れないとすれば、いったいどのようにして、ステレオタイプを打ち負かし、目覚めた仲間の輪を拡げていくことを希望すればよいのだろうか。

今回の漫画のケースでは、白人漫画家であるエミリー・プラトーは制作に誠心誠意

7 フランスでは、自分を黒人だと言う人びとの多くが、アフリカよりもアンティル諸島の出身であったり、混血であったりする。したがって、「黒人」を意味するフランス語の《Noir》は単に描写的な機能の語であり、英語の「ニグロ」にあたる《nègre》が明らかに人種差別的で、一般の語彙から遠ざけられているのとは逆に、人びとにショックを与えることなく使用され続けている。

取り組み、才能のすべてをこの本に注いだわけだが、それは本の成功で金持ちになろうとしてのことではなく（フランスの出版界ではそういったことは稀にしか起こらない）、原作に心を打たれ、自分なりに行動を起こしたいと思ったからだ。タニア・ド・モンテーニュのテクストを原作とする漫画を発表するのは、彼女の作品を「盗む」という意味で自分のものにすることではない。第一、原著者であるタニアは肌の色の黒い女性であり、その名前は本の表紙にちゃんと掲載される。したがって、彼女の作品を自分のものにするのであっても、それはいわば賛意を捧げる行為にほかならない。まさにタニアが、クローデット・コルヴィンの人生とその苦しみを、盗むためではなく、若い世代に知らせる目的で自分のものにしたのと正確に同じことだ。自分のものにするというこの行為は絶対的に必要なのである。これは共有する、ということなのであり、略奪や、いわゆる「文化盗用」とはまったく関係がない。「文化盗用」という言葉は、あまりにもむやみに振りかざされる結果、人びとの間に障壁を作り、各人をその属性に釘付けし、ときには、作品の検閲にもつながる。

そもそも、この言葉で、人びとは何を言おうとしているのか？

オックスフォード大辞典を参照すると、「文化盗用」とは、「創造的あるいは芸術的なフォルム、テーマ、実践を再び取り上げ実現することのうち、ある文化的グループが他の文化的グループに損失を与えるかたちでおこなうもの」を指す。当初は、「搾取や支配を目的として、非西洋的な、あるいは白人によるもの以外の形態を西洋が我がものにする」ケースを検出するために用いられていた言葉だ。オックスフォード大辞典の項目が精確で説得力のある例を提示している。すなわち、しばしば疑わしい条件で取得されたアーティファクト――例えばベナン〔西アフリカの共和制国家、一九六〇年にフランスから独立〕のブロンズ像――を西洋の博物館が利用するケース。たしかにこのようなケースでは、自分のものにするのは、賛意を捧げることからほど遠く、略奪にほかならない。

オックスフォード大辞典の明確な定義に見える「搾取する、あるいは支配をする意図」を外さないようにするならば、「盗用」の事実を訴えることには意味がある。植民地化によって略奪された作品群がそのケースにあたるわけで、フランスがほんのわずかずつ返還しているアフリカの文化遺産もそれに当たる。ところが、人がいたるところに「盗用」を見始めると、たとえそれが単に文化的多元性を称賛する意図においてであっても、議論がひどく脱線する。そしてついには、音楽や料理、モードにおける借用や混交を拒否することになってしまう。さらには、思想上の討論を硬直させたり、芸術的創造を抑圧したりするに至る。

この脱線は、何よりもまず分離主義的急進主義のブラック・フェミニズムによるものであるが、それだけではない。この横滑り――これもまた「盗用」と呼ぶべきか？――は、実力者であり有名人でもある白人弁護士のスーザン・スカフィディ〔米国出身、一九六八年生まれ〕にも指摘することができる。彼女はニューヨーク州に所在するフォーダム大学の教授でもあるのだが、ファッションとデザイナーを模倣者から護ることを専門としている。商業的アプローチが、文化盗用概念の彼女なりの定義を決定する。その結果、二〇〇五年に出版されて以来リファレンスブックとなっている *Who Owns Culture?*〔未訳。『文化は誰のものなのか？』〕の中で、彼女はこの概念に大きすぎるコスチュームを与えてしまった。

著作権への彼女自身の商業的アプローチの影響を受け、スーザン・スカフィディによる「文化盗用」の定義は、オックスフォード大辞典が描いた精確な枠からかけ離れている。彼女によれば、文化盗用は「許可なくして、他者の知的所有物、伝統的知識、文化的表現、文化的アーティファクトを横取りすること」を意味する。一見何事もなかったかのように見えるけれども、このわずかな言葉の中で、「支配する」あるいは「搾取する」という意図の要素が失われている。それこそが肝腎の要素なのに。

彼女の定義に従えば、今後、一つのグループが「他者の文化」を借用するだけで、その行為自体が文化的支配だということになる。この弁護士によると、そこには、「舞踊、衣装の身に着け方、音楽、言語、フォークロア、料理、伝統的音楽と宗教的象徴の、無許可使用」が含まれる。あらゆる「聖なるオブジェ」が触れることの許されない文化のレベルに引き上げられている。この崇拝の名において、下着ブランドのヴィクトリアズ・シークレット〔米国のファッションブランド〕は、モデルたちにインディアンの髪型――聖なるものと判断されている――をさせたことで非難された。

この論理にしたがえば、まったく別の次元の話にはなるが、『シャルリ・エブド』の無神論者の漫画家たちに、ムハンマドを絵に描く権利はなかったということになる。描けば、冒瀆と「文化盗用」という二重の罪を犯すことになるのだから。そうなれば、漫画家たちは、殺害される以前に、狂信者たちと一部の反レイシストたちが一体になっておこなう社会的制裁の対象にされたり、公開の場でリンチの憂き目に遭ったりしかねない。

とはいえ、スーザン・スカフィディは、あたかもパンドラの箱を開けてしまったことに感づいたかのように、こう念押ししている。「損害を与える危険性が高くなるのは、盗用される側の共同体が抑圧や搾取を受けてきたマイノリティであった場合、また、盗用の対象物が、聖なるオブジェがそうであるように格別センシブルな性質を持っている場合である」[8]と。しかしながら、これをきちんと読み取るならば、文化的オマージュが、潜在的には依然として文化盗用に分類されることに変わりはない。単に比較的軽度なものとみなされるだけだ。

SNSが狂躁状態にある今日、このようなニュアンスが掬《すく》い上げられる可能性はゼロといって過言でない。というわけで、ありとあらゆる行き過ぎに門が開かれている。基準がもはや意図――搾取しよう、あるいは支配しようとすること――の有無でない以上、さまざまな文化的インスピレーションを混合したという事実があるだけで、これは怪しいぞ……ということになってしまう。アイデンティティ至上主義に立つ左派は、冒瀆行為への非難にも似た、意図を勘繰《かんぐ》って非難する技を新たに一つ発明したといえる。

火あぶりにされたマドンナ

『ライク・ア・プレイヤー』は、一〇代の私の想像力に火をつけた。このビデオクリップでポップス界のマドンナはゴスペル風に腰をふって歩き、緋色のドレスの深いネックラインで見る者を夢中にさせる。クー・クラックス・クラン〔米国の白人至上主義的秘密結社〕の燃え盛る十字架に立ち向かう彼女は、不当に捕まった黒人のキリストを牢から救い出し、彼に激しくキスをする。レイシズムに対抗する、激烈な、典礼と言っていいほどの表現だ。これでマドンナは、白人至上主義の宗教右派の目の仇になった。

一九八九年は、すべての火刑の出揃った年だった。ラシュディ事件〔当時のイランの最高指導者・ホメイニ師が『悪魔の詩』でイスラム教を冒瀆したとして、作家・サルマン・ラシュディに一方的な死刑宣告を下した事件〕の年であり、スコセッシ事件の年でもあった。キリスト教の原理主義者たちが、『最後の誘惑』〔マーティン・スコセッシ監督による米国映画、一九八八年公開〕を冒瀆と見なし、焼却処分を誓った。パリ、サン・ミシェル広場の映画館に火が放たれたことすらあった。『ライク・ア・プレイヤー』は、まるで火の玉のようにやってきた。ローマ教皇自らがマドンナのボイコットを呼びかけた。怒り狂ったキリスト教徒が歌姫のスポンサーに圧力をかけた。ペプシは、彼女のツアーのス

8 Susan Scafidi, *Who Owns Culture? Appropriation and Authenticity in American Law*, Rutgers University Press, 2005.

ポンサリング契約を解除した。マドンナはそんなことは気にしない。きな臭い匂いに包まれ、彼女の楽曲は世界チャートのトップを走った。お堅い考えに凝り固まっている者たちを挑発し、困らせることに、時代は熱狂していた。そして、火刑に処せられることと以上にロックなことはなかった。

三〇年後、流行の曲も変わり、時代も変わった。今では、マドンナはもう保守派から「冒瀆的」だとして危険視されてはいないけれども、進歩主義者たちから、「文化盗用」をしているとして呪いの言葉を浴びせられている。MTVビデオ・ミュージック・アワードの際に、アレサ・フランクリン〔米国のシンガーソングライター、一九四二〜二〇一八〕への追悼スピーチをしくじったのが原因だ。

ソウルの女王が死去したばかりのタイミングであった。ポップスの女王は、ベルベル人風の独特な外観のチュニックに、銀色のアクセサリーと色鮮やかなブレスレットをどっさり身につけ、金髪の三つ編みで額を飾り立ててステージに上がった。この出で立ちもさることながら、それ以上に非難されたのは、彼女が延々と自分語りをしたことだ。それは長い、あまりにも長いモノローグで、デトロイトで彼女がした下積み生活の年月のことだった。彼女はアレサ・フランクリンと同じ町で育ったのだ。だが果たして、自分の経験した居住区のことを、アレサ・フランクリンの育った居住区と同じレベルで語るのは適切だっただろうか。若い白人女性よりも若い黒人女性にとってのほうが、環境はより過酷だったにちがいない。だが、マドンナの心積もりでは、単に自分たちの共通点に言及しただけだった。それにしても、そのエピソード・トークは長すぎた。

そのときの彼女のベルベル人スタイルと、アレサ・フランクリンのシックでとても西洋風な服装の間に関連性を見つけるのは困難だ。そんな関連性は存在しない。ベルベル人スタイルは単に、ルックスに関するマドンナの最新の思い付きを元にした、最新アルバム用の装いにすぎなかった。でもそのルックスが、特に「アフリカン」と形容される三つ編みが非難を浴びた。緋色のベビードール姿の彼女を普段にも増して刺激的だと感じても、それは別に構わない。しかし、だからといって、彼女を「文化盗用」のかどでリンチにかける必要があるだろうか。今では人は彼女を、異文化を取り入れたのがいけないと言って非難するのか？　他者たちからインスパイアされていない音楽なんてあるのか？

インド出身のイギリス人作家であるケナン・マリクは、文化盗用に「冒瀆の世俗化バージョン」[9]を最初に見出した人物の一人だ。彼はエルヴィス・プレスリー流の混合を擁護する。彼が喚起するところによれば、比較的最近まで、白人のラジオ局は先駆的なロックンロールミュージシャンの曲を流すことを拒否していた。例えば、「民俗」音楽ジャンルに分類されていたチャック・ベリー〔米国のシンガーソングライター、一九二六〜二〇一七〕の場合がそうだった。そこにプレスリー、ザ・キング・オブ・ロックンロールが現れた。白人ロッカーがロックを大衆化し、黒人ゲットーから外に連れ出したのである。たしかに、黒人ロッカーの貢献が後々認知されるようになるためにこの借用行為が必要だったことは、少なからず不公平に感じられる。「プレスリーが、いわゆるブラックミュージックを自分のものにすることを抑止されていたと仮定してみよう。それで果たして、レイシズムやジム・クロウ法〔一八七六〜一九六四年に存在〕が後退しただろうか。後退しなかったにちがいない」と、ぶれずにマリクは言う。

音楽に隔離を持ち込んだからといって、ほんのわずかな偏見も後退したためしはない。むしろ反対に、混合こそが創造の源であって、共通の世界を構成することを可能にするのだ。光を当てられずにいた黒人ブルース歌手たちのレパートリーを盗んだとして、あのローリング・ストーンズが非難されたこともあった。「盗まれた」側にいたマディ・ウォーターズ〔米国のブルース・シンガー、一九一三〜八三〕は、この件に関してナイスな発言をした。「彼らは私の音楽を盗んだけれども、私に私の名前を与えてくれた」と。ストーンズなくしては、ブルースは黒人ゲットーから外に出ることが決してなかっただろう。もしブルースが「黒人音楽」と見なされ、「黒人向けの」ラジオでしか流れなかったなら、私たちは今頃どんな世界に住んでいただろうか。もしマドンナがヴォーギング（ゲイやラテン系アメリカ人のゲットーで発祥したダンス・ムーブメント）や、ゴスペルからインスピレーションを得ていなかったなら、ポップスはどんな音楽になっていただろうか。もし彼女が批判の声に耳を傾けて、受けたインスピレーションに制限をかけていたら？

私たちにとって幸いなことに、マドンナは世間の声なんか気にしない。「Oh, they can kiss my ass」（あの人たちは勝手にすればいいわ）と「ハフィントン・ポスト」で一蹴し、次のように言い放った。「私は何も盗用していない。インスパイアされて、異文化を参考にしているだけ。アーティストとしての私の権利よ。エルヴィス・プレスリーがかつてアフリカ系アメリカ人の文化を盗んだって、聞かされたことがあるわ。でもそれって、私たちアーティストの仕事じゃないの。世界を逆立ちさせて、皆を困惑させて、無理やりにでもあらゆることを再考させるのが」[10]。よく言ってくれたもの

9 Kenan Malik, «In Defense of Cultural Appropriation», *The New York Times*, 14 June 2017.
10 Matthew Jacobs, «From 'Hell' And Back, Madonna Lives To Tell», *HuffPost*, 13 Mar 2015.

だ。

マドンナなら、こういった発言ができる。彼女は年功を積んでいるし、資産もあるし、充実したキャリアがある。若い女性歌手のうちに、今日、こんな度胸のある者がいるだろうか。『ライク・ア・プレイヤー』の頃に煽動された魔女狩りとは反対に、「文化盗用」という石を投げつけるのは、非常にロックでもあるリベラルの若者たちだ。そして、この若者たちはほんの些細な疑いを前にするだけで、リンチやボイコットに走る。標的にされた若いアーティストは誰ひとりとして、ましてやレーベルの場合はなおさらだが、デジタル世界でその若者たちによって発せられる至上命令を無視することなどできない。少しでも否定的な噂が入ってくれば、レコード会社はアーティストに強要して、何度も何度も謝罪させる。

ときには、こういった責任追及はアーティストを墓場まで追いかけてくる。南アフリカ共和国の白人ミュージシャンのうち最も黒人っぽいジョニー・クレッグ（歌手、反アパルトヘイト活動家、一九五三〜二〇一九）のことが思い起こされる。かのネルソン・マンデラをスイングさせた、伝説的な「Asimbonanga」（アシムボナンガ）という反アパルトヘイトの歌の作者である。彼が埋葬される時に受け取ったのは花だけではなかった。アフリカ民族会議が彼に熱のこもった称賛の辞を呈していたというのに、一部のフランス人およびアメリカ人の活動家たちは、文化盗用をしたと言って彼を責めたのだった。

まったくもって、自分が白人である場合、異文化を好きになってはいけないみたいだ。評論家のファティア・ブージャラ〔アルジェリア系フランス人の中等教育教員で、論客として著名、一九七九年生まれ〕は言っている。「好きじゃないなら、あなたはレイシストだ。好きならば、やっぱりあなたはレイシストだ」ということになってしまうと。この絶対的な袋小路の中で、天地が逆さまになっているこの時代において、彼女は次のように締めくくる。「今の時代だったら、マンデラは『卑屈な黒人の召使い』呼ばわりされているでしょうね」。

ひどく嫌われた三つ編み

自分の髪をアフロやドレッドロックス、または「アフリカン」と言われる単なる三つ編みにしたことで、いったい何人の有名人が平謝りさせられたか、もはや数え切れない。キム・カーダシアンは、ケンカを売るのに慣れている人物なのに、「Bo West」

と署名して投稿したブロンドの編み込みヘアの写真が非難の嵐に晒されたあと、ショックで固まってしまっていた。その髪型は、米国人女優のボー・デレク〔一九五六年生まれ〕をフィーチャーするものだった。この女優は幸いにも「文化盗用」非難が盛んになる前に旬《しゅん》の時期をすごしたのだけれども。カールしている髪をまっすぐにするわけでもないこんな狂熱が標的にするのは、白人とは限らない。リアーナは、ネフェルティティ〔古代エジプトのツタンカーメン王の義母〕をイメージさせるエジプト風の髪型で『ヴォーグ・アラビア』のモデルをしたために非難を浴びた。『ハッピー』で有名なファレル・ウィリアムス〔米国のシンガーソングライター、一九七三年生まれ〕はインディアンの髪型で『ELLE』の表紙を飾ったために攻撃されたが、その攻撃に慣れた頃にはもはやそれほど「ハッピー」ではなかっただろう。アフリカ系アメリカ人の歌手がアメリカ先住民の真似をしてはいけないということのようだ……。ラナ・デル・レイ〔米国のシンガーソングライター、一九八五年生まれ〕は、短編映画 *Tropico*〔日本では未公開〕でチョラ——ラテンアメリカのゲットー世界——美学のコードを取り入れたことで、危うく石打ちの刑に処せられるところだった。これらのスター全員が謝罪した。

憐れみをかき立てる謝罪においてずば抜けていたのは歌手のケイティ・ペリーで、

彼女もまた、ブロンドの三つ編みの写真をインスタグラムに投稿していた。その外見はどちらかというとウクライナ人の髪型を、厳密には『ゲーム・オブ・スローンズ』〔ファンタジー小説シリーズ『氷と炎の歌』を原作とした米国のテレビドラマシリーズ〕のドラゴンの母、カリーシを連想させる。しかし、ウクライナ人がロシア人と取り込み中だったため、また、ドスラク人〔『ゲーム・オブ・スローンズ』に登場する民族〕が現実世界ではあまり浸透していないため、「文化盗用」非難のプロたちは、むしろアフリカ系アメリカ人に謝罪するよう要求した。

感じの悪いコメントがインターネットに蓄積していたこともあり、ケイティ・ペリーの周囲の人びとは、ブラック・ライヴズ・マター運動の活動家のインタビューを受けて後悔を表明してほしいと願った。対談時の彼女は、「白人女性の特権にもかかわらず」三つ編みをしたことを悔い、ほとんど自分で自分を鞭打っているような有様だった。「よくないことだった」と、常時目に涙をためながら言い、過ちを償っていた。その話によれば、彼女は自分の行動の重大さを意識したことがなかったのだが、ある時、彼女の友人の黒人女性が正しい道に戻してくれたのだという。「友人はアフリカ風の髪型がどんな力を持っているのかを説明してくれました。どれほど美しく、エネルギーを必要とする髪型なのかということを」。黒人的な美の賛美については、エキゾティックな様式だからということで目をつぶろう。聞き捨てならないのは、必要なエネルギーを白人女性が持っていないという点だ……。ウクライナ風の三つ編みをするために必要なエネルギーを持っていないとでも？

対談の続きはさらにショッキングだ。震え声で、ケイティ・ペリーは世界一といっていいほどの真剣さで、自分の皮膚の色のせいで、自分は髪を三つ編みにしている黒人女性に自分を投影することができないと説明するのだ。「私が私である以上、一生かかっても、それが何を表しているのかを理解できないのです。ただ、自分自身を教育しようと試みることはできます」。彼女の告解を聴き、罪を許してやったブラック・ライヴズ・マターの活動家は、この再教育の要望を承認した。おまけに、彼女はその承認を得るために、その活動家をまるでトーテムのように繰り返し触るのだ。ケイティ・ペリーがほとんど刈り上げたといっていい、金髪を青に染めた髪でこのインタビューを受けたことも明確にしておこう。しかしもちろん、スマーフ（ベルギーの漫画に登場する架空の種族で、青色の肌と丸い鼻を持つ）は、「文化盗用」で彼女を告訴しはしなかった。その事情はドスラク人の場合と同じ……。現実世界に存在しているわけではないのだから。

このビデオについて最後に言えるのは、二分間、極度に居心地の悪い思いをさせられて、もういい加減にやめろと言いたくなる場面が続くということだ。演出のすべてがとてつもなく酷い。まるでカルト教団の告解場のようだ。クー・クラックス・クランのような団体の一種の裏返しである。そこではいわば、儀典長たちが若い白人女性たちに、けっして黒人および黒人の聖なる三つ編みを真似てはいけないと教えているわけだ。

猟犬を使う狩りにも似たこうした追及の対象は、髪型だけではない。純粋さに飢えている審問官たちが追いつめる対象には、大胆にも過度に日焼けしたり、臀部《でんぶ》を大きくしたりして「黒人っぽく」見えるようにしているインフルエンサーたちも含まれる。このインフルエンサーたちの傾向は「ニガー・フィッシング」、つまり「黒人釣り」という言葉で告発される。真の出自を偽って被写体になる者たちは侮辱され、自分のDNAを開示しろと命じられる。

白人はかつて、何はともあれ混血のように見られないよう、日焼けを避けていた。陶器のような色合いの肌を大事にし、それを上流社会に属していることのしるしとしていたのだ。それなら、いまや混血の肌の色がファッショナブルとされていることを喜ぶべきではないか。それは「ブラック・イズ・ビューティフル」が勝利した証ではないか。なぜそれを嘆くのか。むしろ肌を白くする商品や、髪をだめにする危険を冒してでもカーリーヘアをストレートにしようとする流行に対して、闘いを挑むべきではないか。自己嫌悪との闘いには、他者たちの好みとの闘いよりも大きな緊急性があるのだから。

もしこの狩り出しのせいでインターネット上にこんなにも多くの文字や涙が流れていなかったなら、笑ってすますこともできるだろう。人気スターたちを特に文化盗用のネタで叩くために作られたサイト「きみの大好きなスターには問題がある」は、最後は自分たちの読者が我慢ならなくなった。七七人以上のスターにめったやたらに石を投げつけた後、サイトは次の言葉を残して閉鎖した。「Get a life.」いい加減にしろ、くだらねえ、というわけだ。

とはいえ、安堵感を与えてくれる事実もある。ネット民のうちには、審問官たちが仕掛けるこの論争をどれだけくだらなく感じているかを書き込む者もいるのだ。フランスでは、むしろこの論争が論争を呼んでいる節がある。それはとりわけ、審問官2・0たちがこともあろうに、セザール賞〔フランスにおける年一回の総合的な映画賞、一九七六年創設〕授賞式にドレッドロックスの髪型で出席したカメリア・ジョルダナ〔フランスのシンガーソングライター、女優、一九九二年生まれ〕を攻撃した折に明らかになった。式の夜、アルジェリア出身の女優であり歌手でもある彼女は、有望女優賞を受け取るために舞台に上がった。彼女は、かつて学校をあまりにも早く辞めなければならなかった自分の母親と、レイシズム被害などのさまざまな障碍《しょうがい》を乗り越えていくすべての人にトロフィーを捧げると述べた。そのメッセージを聞いても、スターたちの外見を見張る「警察官」たちの心は動かなかったようだ。しかし、嵐はたちまち静まった。アメリカ人のスターたちとは対照的に、カメリア・ジョルダナは謝罪しなかった。

　だが、ファッションデザイナーのマーク・ジェイコブスはというと、彼は折れるしかなかった。自分のモデルたちの髪型に、カラフルな髪を逆立てて膨らませた新スタイルのドレッドロックスを採用したことについてである。「申し訳ありませんでした。知らず知らずのうちに配慮を欠いてしまいました」と謝ったうえで、自分は創作する自由を信じたいと付け加えた。でも、それならなぜ謝るのか。もともと揶揄する意図はなかったのに。

　もしファッションに関して何か批判をするとしたら、混血や、黒人や、痩せ型でないモデルがランウェイに登場することが少ないことであって、白人モデルの髪に逆毛を立てて膨らませることを非難するのは見当違いだろう。アフロヘアをファッショナブルであるとして讃えれば、幾世代もの女性たちが髪をストレートにしたくて傷めてしまうのをやめるよう後押しできるだろう。そのほうが進歩といえるだろう。しかし進歩は、「文化盗用」を咎める審問官たちの狙いではない。彼らの狙いは、強く存在することなのだ。ところが、強く存在するとは、今日では、自分は「傷つけられた」と訴えることなのである。

このような姿勢はほとんど職業とも化しているのだが、これをひときわ見事にやってのけるのが、「文化盗用」を告発する言説をフランスに輸入した代表的な論客、ロカヤ・ディアロ〔アフリカ系フランス人のジャーナリスト、一九七八年生まれ〕である。プロの活動家で、時々ジュエリーブランドのモデルにもなる彼女は、機会あるたびに「黒人女性として」我慢ならないと抗議し、それでいてそのあと、自分が自分の肌の色に還元されることを嘆く。白人がアフロカットでランウェイを歩くことに憤慨し、著作権を要求する。何が彼女の夢かって？　シャトー・ド〔アフリカ系移民が多く暮らしているパリの一地域〕界隈のアフリカ人スタイリスト、さらにはアフリカ人美容師がそれらの髪型について「クレジット」されることだ。[11] その内訳をどう割り振るのかは、正確にはわからない。報酬を受け取る対象は、黒人の美容師だけなのか、アフロカットの黒人女性全員なのか、それとも、彼女たちの俄《にわ》か仕立ての代弁者だけなのだろうか。

世界の多くの文化が細い三つ編みや編み込みを称揚しているが、この髪型はたぶん、アフリカやジャマイカよりも先にインドやエジプトで発祥した。いったい何の名において、アメリカやヨーロッパの黒人女性がそのコピーライトを要求する唯一の権利者でありうるのだろうか。彼女たちが豊かで強い国に住んでいるからなのか。だとすればそれは、文化帝国主義の一形態なのではないか。*Les Noirs n'existent pas*「黒人というものは存在しない」という副題を持つ *L'Assignation*〔未訳。仮邦題『属性への釘付け』〕の著者であるタニア・ド・モンテーニュは、アイデンティティに関する画一的で異国趣味風の見方に対して終わりの見えない闘いを展開している。いったいどうしてあのようにすべての黒人女性を代表して語ることができるのか、理解できないと彼女は言う。「ミシェル・オバマと、エリトリア〔アフリカ大陸北東部に所在する小国〕から西洋の国に出稼ぎに行っている女性たちとを比べたら、黒人女性って、何を指すのかわからないわ！[12]」。

こうした鋭敏さを新しい世代の「審問官」たちは持ち合わせていないようだ。いずれにせよ、パリ政治学院で結成された学生グループ「SciencesCurls」はそれを持ち

11 «Hommage ou pillage?», entretien réalisé par Emmanuelle Courrèges, *L'Express Style*, 23 novembre 2016.

12 Entretien réalisé par Clément Pétreault, *Le Point*, 24 mai 2018.

合わせていない。そこで活動する女子学生たちが闘う目的は、地球や、危機に晒されている動物たちを護ることでも、社会的・経済的不平等を縮小することでもない。彼女たちには他に優先事項があるのだ。すなわち、「縮れ毛に対する偏見を通してパリ政治学院で周縁化され、差別されてきた美しさの価値を高めること」。極右がヨーロッパのいたるところで台頭し、ほとんど毎月のように白人至上主義者やイスラム教徒がテロ行為を行い、異常気象も発生しているが、彼女たちにとってグループ結成の目的に値するいちばんの心配事は、〈彼女たち自身の〉縮れた髪の毛なのである。そして、白人女性たちが彼女たちのように髪を結うのを禁止することなのだ。

発起人の考えによれば、白人が髪に逆毛を立てて膨らませたり、三つ編みや編み込みをしたりしてよいのだとすれば、そのことには「人を傷つける」性質があるらしい。彼女は次のように言う。「なぜ人を傷つけるかというと、そういった髪型の文化的リアリティが完全にかき消されて、ただのお楽しみになってしまうからです。つまり、私の文化が仮装になってしまうわけです。つまり、人が中に入ったり、また出てきたりするわけで、これはきわめて暴力的です」。この説明を読んだあとでは、それならアパルトヘイトや差別の暴力を形容するのにはどれほど強い表現が必要かな、と考えてしまう。神経過敏な人たちの指標値（マグニチュード）では、すべての事件が、それがジェノサイドであってもヘアスタイルのことであっても、深刻さの程度に変わりがないようだ。最も恐ろしいのは、文化の混合を嫌うこうした恐怖症だ。ひとつの文化の中に「入る」こと、「出る」ことができるのを「きわめて暴力的」と見なしている。まるで、強姦の話のようではないか。実際には文化的混合の話なのに。

白人がアフロカットにすることには激しい動揺を示す一方で、彼女たちは、白人学生が「ヒジャブ・デー」にイスラム教徒のヴェール（ヒジャブ）をかぶることについては何もおかしいと感じない。「ヒジャブ・デー」は元々、イスラム原理主義者たちのグループによって発案されたもので、それをパリ政治学院の学生たちが改めて実行したのだ。彼らは学友たちに丸一日のあいだ、なんと「慎み」（原文ママ）の体験を提案したのである。[13] 奇妙なことに、いつも登場する審問官のうちに、わずかな「文化盗用」を指摘する者は一人もいなかった。

13 Nicolas Rinaldi, «“Hijab Day” à Sciences Po Paris : un rendez-vous manqué mais une provoc' réussie», *Marianne*, 20 avril 2016.

美術と演劇の破壊

反レイシズム作品の検閲

文化盗用を非難する人々は、スター、ブランド、ファッションショーを追及の対象にするだけでは満足しない。なんと反レイシズム作品の検閲を要求することもある。

それが、画家のダナ・シュッツとその絵画作品 *Open Casket*（『蓋の開いた棺』）に起きた出来事である。この作品にインスピレーションを与えたのは、若い黒人に向けられた暴力を告発する一九五五年の有名な写真だ。一四歳のエメット・ティル少年は、殴り殺された。彼の母親は「人びとは私の息子が何をされたのかを見るべきだ」と言い、棺の蓋を開けたままにしておくことを求めた。ティル少年の変わり果てた顔の画像は見る者に衝撃を与える。ある女性アーティストが、しかも白人が、事件から六一年後にこの警鐘を再び鳴らそうとしたのは、息子の変わり果てた顔を公開するという母親の判断が正しかった証拠だ。これはいまや失われてしまった政治的判断力である。

二〇一七年のホイットニー美術館のビエンナーレに展示されるやいなや、*Open Casket* は顰蹙《ひんしゅく》を買った。「この絵画は撤去すべきだ！」と、幾人ものアフリカ系アメリカ人作家が公開レターで激しく訴えた。なかでもハンナ・ブラック〔英国のビジュアルアーティストで作家、一九八一年生まれ〕は、作品を完全に「解体」することを求めた。「黒人たちのことを気にかけている者は、あるいは気にかけるふりをしている者は誰もこの絵画を受け入れるべきではない。なぜなら白人が黒人たちの苦しみを利潤やお楽しみに変えることは受け容れがたいことなのだから」[14]。何を指してお楽しみと言っているのだろうか。

審問官風のこの公開レターによれば、あの蓋の開いた棺は黒人たちにのみ語りかけるのだそうだ。「ティル少年の姿は、インスピレーションおよび警告として黒人たちにのみ提供されたのだ。黒人でない者は、その事例を絶対に具象化してはいけないし、そもそも理解できないのだということを受け容れなければならない」。凍てつくような言葉だ。自分の肌の色が黒というだけで、この作家は厚かましくも息子をなくした母親の代わりに話し、彼女が政治的アピールとして蓋を開けたままにした棺を勝手に閉めようとしているのだ。肌の色が白だというただそれだけのことのせいで、白人の画家はあの母親の痛みを感じとることができないと判断されてしまった。レイシズムに対する彼女のセンシビリティが否定され、さらに言えば非難されたのだ！　そのうえ、彼女の絵の破壊が要求されている。

数日後、抗議者たちはビエンナーレをボイコットすると美術館を脅かした。論争の発生や報復の恐れのせいで、この絵の展示はいつも決まって断られる。こうしてアート界はメッセージを受け取った。いわば、「もはやマイノリティの苦しみを明らかにする表現をしてはならない。そんなことをしたら糾弾されるぞ!」というメッセージだ。それはそのまま、米国カリフォルニア州の彫刻家、サム・デュラン〔一九六一年生まれ〕の被った災難だった。彼のインスタレーションは、*Scaffold*（『絞首台』）と題されていて、一八六二年に起こった、アメリカ先住民のダコタ族三八人に対する一斉絞首刑執行を告発していた。作品はミネソタ州のウォーカー・アート・センターに展示された。しかし一部のアメリカ・インディアンたちは、〈彼らの〉歴史を白人が語ることを好ましく思わなかった。抗議や非難が何カ月も続き、ついに彫刻家の神経の糸がぷつんと切れた。彼は作品を解体した。

文化盗用の審問官たちは、宗教原理主義者たちと同じように行動する。彼らの目的は、彼らのグループに属さない者が彼らの宗教の絵を描いたり素描したりすることを

14　Alex Greenberger, «"The Painting Must Go" : Hannah Black Pens Open Letter to the Whitney About Controversial Biennial Work», *ARTnews News*, 21 March 2017.

禁止し、信仰の表現を独占し続けることだ。このように行動するのは、支配的な立場にいる者たちの特性である。文化盗用のケースにおいては、マイノリティに属する作家たちが、ときにはアーティストや社会運動家たちが、マイノリティという立場を利して、自分たちのビジョンと解釈の独占を押し通そうとする。

ある人びとが創造するからといって、他の人びとの創造が妨げられるわけではない。それなのに、件《くだん》の社会運動家たちは、自ら創造するよりも禁止することを好む。禁止する権利を、彼らは自らの遺伝子にもとづいて保有していると思っている。先祖の苦しみのゆえに、自分たちは優位な立場にいると考えているのだ。自分たち以外の者が受けた苦しみを理由に、他者を抑圧する権利があるかのように振る舞うのは、暴君並みのご都合主義だと言わなければならない。ナチスのように、ある種の作品を「退廃芸術」と呼んで検閲するのではないにせよ、遺伝学の名において芸術の一部を検閲する。これは「人種差別的」検閲である。クリエイターの肌の色を理由に作品を禁じようとする事実を表す言葉は、他に存在しない。

幸いなことに、他の反レイシストが抵抗する場合もある。

抵抗の姿勢が現れたのは、Exhibit B（エグジビット・ビー）の雲行きが怪しくなっていたときのことだ。Exhibit B とは、「人間動物園」〔「未開」と見なされた人々の生態展示。一九～二〇世紀に欧米でおこなわれた〕の伝統を告発するために南アフリカの白人アーティスト、ブレット・ベイリー〔劇作家、演出家、デザイナー、一九六七年生まれ〕が企画した展示イベントである。彼の狙いは、来場者が一連の活人画〔扮装した役者がポーズをとって作る、絵画のような情景〕を見て歩かざるを得ないようにして、来場者に居心地の悪さを感じさせることだった。そこで繰り広げられていたのは、植民地体制および奴隷制のおぞましさを表現するパフォーマンスだ。「黒人のヴィーナス」が巷の見世物のように提示されているかと思えば、一人の「高級娼婦」がコンゴの首都ブラザビルにいるフランス人将校のベッドに裸で腰掛けている。また、別の女性の抱えている籠は、ベルギーの植民地支配者に切断された人間の手でいっぱいになっている。ラテックス〔ゴムの木の樹液〕採取のノルマを達成できなかった奴隷が受けた仕打ちであった。展覧会のおかげで、そのことが学べる。学べるだけでなく、観る者の心に怒りと嫌悪感がこみ上げてくる。作品の持つインパクトだ。あなたをあなた自身の外に引っ張り出し、あなたに他者の身になってみることを強いる。これはひとつの旅であるのだが、この旅の可能性を、アイデンティティというものを単純に解釈する人たちは想像することすらしない。

けれども、案じるには及ばない。「審問官」になってしまった人びとは、展覧会を未だ見てもいないうちから、その検閲を要求したのだ。すべてはあるひとつの新聞記事から始まった。数カ月間、ウィーンからパリを経由してブリュッセルまで、展覧会は何の問題もなく開催されていた。状況ががらりと変わったのは、英国紙『ガーディアン』に掲載された批評記事がこの展覧会をリスキーで「賛否両論の的になる」[15]と判断してからだった。ちなみに、イギリスに根性のすわった美術館はほとんど存在しない。二〇〇五年のロンドン同時爆破事件〔若い過激イスラム主義者たちの自爆テロで、交通機関の四カ所が襲われた。死者五六人、負傷者七八四人〕直後、イギリス政府の有する美術コレクションを所蔵管理する外郭公共団体であるテート・ギャラリーの最高責任者は、予定されていたタルムード、コーラン、聖書についての諷刺的展示を急遽取りやめた。ロンドンでなくパリにおいてなら、このタイプの検閲は顰蹙《ひんしゅく》を買う。とはいえ、アングロサクソンの反レイシズムにインスパイアされたさまざまな小グループが、文化領域のこうした恐怖政治的実践をフランス国内に持ち込もうとする動きもある。

Exhibit B のインスタレーションが二〇一四年の九月にパリに戻ってくるのを知って、Brigade anti-négrophobie（以下、「反黒人差別旅団」）〔フランスの反レイシズム団体、二〇〇五年設立〕が多くの仲間を動員してパリ北郊の都市サン・ドニのジェラール・フィリップ劇場前に押しかけ、安全対策の柵をひっくり返し、来場者を襲い、展覧会を中止させた。インタビューを受けたこの団体のメンバーによれば、企画者が白人であることに加え、被害者の立場に置かれた黒人を人の目に晒すことは非難に値するそうだ。しかしそれは「人間動物園」を告発する際にこそ必要な見識ではないだろうか。こうした問題と植民地史の専門家であるパスカル・ブランシャール〔一九六四年生まれ〕は、この一件で意気消沈したと言っている。「レイシズムを理解できるのは黒人だけだと、ほとんど結論づけてしまったようなものだ」[16]。

脅しの圧力にもかかわらず、パフォーマンスは、場所を変更して予定どおりおこなわれた。サン・ドニの国立演劇センターとパリ一九区に所在する公立文化芸術センター「サンキャトル」の勇気のおかげで、緊張した雰囲気の中ではあったものの無事開催されたのだ。企画のプロデューサー兼プロモーターは耐え抜いた。彼は次のように語った。「連日来場者を受け入れたよ。劇場の前で共和国保安機動隊と協力して来場者を護ったんだ」。何がいちばん残念かって？「われわれを攻撃してくる連中とまと

15 John O'Mahony, «Edinburgh's Most Controversial Show : Exhibit B, a human zoo», *The Guardian*, 11 Aug 2014.

16 Guillaume Gendron, «Tous coupables d'appropriation culturelle?», *Libération*, 22 décembre 2016.

もな討論を組み立てるのが不可能だということだ。こちらはそういう討論を提案したけれど、結局のところ、向こうは誰ひとりとして、われわれの声、アーティストとその支援者たちの声を聞く気がなかった[17]」。

デモ参加者は話し合いを拒否し、展覧会場のエントランスで寝泊まりし続けた。彼らのせいで、サンキャトルの建物は、妊娠中絶反対の活動家たちに包囲されたアメリカの病院のような様相を呈していた。来場者は、数少なかったわけだが、機動隊に警護されながらインスタレーションを見学することを余儀なくされた。そのなかには、有名なサッカー選手であり反レイシズム運動でも知られているリリアン・テュラムもいた。彼は自分の眼で見て判断したいと思ったのだ。出口では、感動した様子で、Exhibit Bとこれを創ったアーティストを全面的に支持すると話した。Exhibit Bの内容については、「非常に強烈で、人の心を強く揺さぶる」と語った。人権同盟LDH〔Ligue des droits de l'Homme、一八九八年設立〕やMRAP〔Mouvement contre le racisme et pour l'amitié entre les peuples、一九四九年設立の団体〕は犠牲者至上主義的な方向への逸脱で知られる反レイシズム団体だが、これまた展覧会を支持した。

「文化盗用」問題にかかわる検閲キャンペーンがフランスで話題になったケースはいくつかあるが、これは特に初期の事例だ。アイデンティティ至上主義の過激運動家たちを別にすると、フランスは全国民一致してこの種の検閲に反対した。しかしこれも、いつまで持続するだろうか？

本物の「ブラックフェイス」と偽りの糾弾

「ブラックフェイス」はアメリカにおいて、トラウマを生じさせがちなテーマだ。顔を黒く塗るこの舞台化粧は、マイノリティをばかにして観客を笑わせるアメリカの大衆演劇、「ミンストレル・ショー」の卑劣な伝統に由来している。一九三〇年代までは、登場人物をそれぞれのアイデンティティごとに戯画化することがありふれていた。金で動くユダヤ人、アル中のアイルランド人、軟派なイタリア人、無愛想なドイツ人、田舎者の農夫など。人類史上、私たちはごく最近になって初めて、レイシストや不寛容な者を嘲弄の対象にするようになったのだ。人種差別の時代には、黒人が、とりわけ下劣な戯画化の的となった。白人の役者たちが顔を黒く塗り、大きな赤い唇を描き、

17　Emmanuel Tellier, «Peut-on parler de moi sans moi?», *Télérama*, 18 septembre 2018.

彼らを笑い者にしたのである。

　イギリス生まれのアメリカ人俳優ルイス・ハラム・ジュニア〔一七四〇〜一八〇八〕は、「ブラックフェイス」をアメリカに導入した人物だと言われている。彼が *The Padlock*〔仮邦題『南京錠』〕という台本を持ち込み、そのなかで、四六時中酔っぱらっているカリブ海地域出身の召使いの役を演じると、この演目が一七六九年にニューヨークのいくつかのホールを満席にした。すると、その成功を見て、ほかのイギリス人やアメリカ人の役者も彼のやり方を真似し始めたのだった。

「ブラックフェイス」という名称は、たいへん有名な「ダディー・ジム・クロウ」〔黒人ジム・クロウを演じた米国の役者、トーマス・D・ライスのニックネーム〕に結びついている。彼の知名度が非常に高かったので、米国の南部諸州で人種差別を復活させた州法は、そのニックネームで「ジム・クロウ法」と呼ばれた。この伝統を蘇らせることは人びとの感情を逆撫でする。それは、まさにそのとおりだ。

　この歴史を知らずして、「黒い」メイクをすることは、アメリカではまずあり得ない。二〇一八年、アメリカの有名ニュースキャスター、メーガン・ケリー〔一九七〇年生まれ〕がNBCで持っていた番組を降ろされた。どういう理由からだっただろうか。子供を持つ一般の人びとのうちから、ハロウィンに「ブラックフェイス」をすることの何が悪いのかわからないという意見が出ていることをめぐるトークのなかで、その意見を肯定したからだった。彼女は謝罪したが、すでに取り返しがつかなかった。論争勃発から一週間が経った頃、彼女はもう番組に出ていなかった。シカゴ・オペラが、二〇〇七年の *The Padlock* 再演に際して一計を案じ、アルコール依存症の黒人召使いという役柄を、アルコール依存症のアイルランド人召使いに置き換えたことは理解できる。アイルランド人が傷ついたと感じる可能性もあり得たが、その問題はそこまでセンシティブではない。つまり、リスクが小さくなるわけだった。

アフリカ系アメリカ人の共同体の反応を恐れるあまり、時折、歴史の修正までもが起きている。ロンドンのロイヤル・オペラとニューヨークのメトロポリタン・オペラは、ヴェルディの『オテロ』を上演するにあたって肌を黒く塗る舞台化粧を廃止した。しかも、役を黒人テナーに演じさせるよう要求する声が上がったことさえある。ところが、オテロはムーア人の将軍、すなわちアラブ人なのである。これが演劇の行方《ゆくえ》なのだろうか。傷つけることを恐れるあまり、戯曲も、登場人物も、歴史も、書き換えてしまうのか。この状況は、脅しに次いで当然生じてくるステップだ。現代の審問官たちが他者たちに〈彼らの〉歴史を語ることを断念させようとしないのは、それを書き換え、没収してしまおうという魂胆があるからだ。ときどき、こういった操作は、他者たちの歴史を横取りしてしまうところまで行く。

　アフリカ中心主義者たちが、エジプトのファラオは黒人であったと確信するに至るのもその一例である。歴史の陰謀論的バージョンの一つによれば、白人のエジプト学者たちはスフィンクスの鼻やミイラや彫像を壊して、ファラオが黒人であったという秘密を隠したのだそうだ！　一部の過激主義者たちはこれを本気で信じている。二〇一九年に、Ligue de défense noire africaine（以下、「アフリカ黒人擁護団体」）〔フランスのパン・アフリカ主義団体、二〇一七年設立、二〇二一年強制解散〕のメンバーが、このことを理由にツタンカーメンとその名高い黄金のマスクの展覧会の中止を要求した。驚くなかれ、彼らが問題にしたのは「ブラックフェイス」ではなく、「ホワイトニング」だった！　かの有名なファラオが黒人だったと確信し、そのアフリカのルーツを隠蔽しているとして、展覧会の開催責任者を非難したのだ。彼らの幻想に反論する科学者は皆、ただちにレイシストの刻印を押され、評判を汚された。フランスの若い気鋭のエジプト学者、ベネディクト・ロイヤーなどはこの妄想に啞然としたという。「あの人たちの理論は明らかにどうかしています。エジプト人の肌の色にはありとあらゆるバリエーションが考えられるのですから」[18]。当時のＤＮＡ鑑定がこの発言を裏付けている。科学的、歴史的現実性は、昨今の狂熱の前でどれほどの重みを持つだろうか。現代の活動家たちは、ファラオ時代のエジプト人たちが彼らよりも精神的に開かれていたことや、混血していたことを、もはや想像できないのである。

ツタンカーメン展は予定どおり開催された。パリでは、検閲が勝利してしまうことはめったにない。だからといって、こうした警戒心ある姿勢が今後も持続するとは言い切れない。亀裂がすでに表れ始めている。

アイスキュロス作の戯曲『救いを求める女たち』が、二〇一九年三月二五日にソルボンヌ大学構内で、ギリシア悲劇を演じることを専門とする劇団「デモドコス」によって上演されるはずだった。エジプトとリビアを出身地とする民ダナイデスが、ギリシア人の庇護を求めて長い旅をする話である。このテーマはただ偶然に選ばれたわけではなかった。何しろ、折しも何千人もの人びとが地中海を南から北へ渡ろうとして命を落としていて、フランスを含むヨーロッパ各国がその難民たちをめぐる議論の真っ只中にあったのだから。この戯曲には人びとの意識を目覚めさせる可能性があった。ところがその側面のメッセージに、上演を攻撃した「反レイシスト」たちはほとんど

18 «Égypte : Toutânkhamon, nouvelle victime du complotisme», propos recueillis par Laureline Dupont, *Le Point*, 11 avril 2019.

興味を示さなかった。公演は中止になった。約五〇人のアイデンティティ至上主義の黒人たちが抗議デモを組織して押しかけ、役者たちの稽古を妨げたのだ。しかも、乱暴なやり方で。役者のうちの何人かは軟禁され、涙を流していた。何が問題だったかって？　ダナイデスの民を演じるにあたっての、古来の伝統どおりの仮面の使用である。

この芝居では、役者たちは、彼ないし彼女のそれぞれの肌の色や実際のアイデンティティに関係なく、ギリシア人を演じる場合は白い仮面を着け、ダナイデスを演じる場合は顔を塗ったうえで赤銅色の仮面を着ける。リビアとエジプトからの移民を喚起するための顔のメイクはたしかに強く示唆的だった。それを無礼だと感じたり、問題にしたりすることはあり得ても、古代ギリシアからのこの伝統を卑俗な「ブラックフェイス」に帰着するものとして扱うことは決してできない。ここにあるのは、物事をいつも人種差別の色眼鏡を通して見ることとの問題だ。しまいには、むやみにアメリカ的視座を適用し、時代錯誤な見方を強要することになってしまう。

まさにそれこそが、「アフリカ黒人擁護団体」や、「反黒人差別旅団」や、CRAN〔Conseil Représentatif des associations noires、フランスの反黒人差別諸団体の連盟、二〇〇五年設立〕の活動家たちの抱えている問題の核心だ。彼らは、あたかも自分たちがアメリカ合衆国で生きているかのように、このフランスで活動・運動を展開している。

彼らの暴力にショックを受けながらも、演出家は、芸術は人をその属性に還元することに対する解毒薬だ、という素晴らしいメッセージで応じた。「演劇はアイデンティティの避難所ではなく、変容の場だ。グロテスクなものは肌の色を問わない。紛争があっても愛は生じる。演劇では他者を受け入れるし、上演している間、他者になることもある。アイスキュロスは世界普遍のレベルで舞台を作ったのだ。『アンティゴネー』の場合なら、古代風に私は女性の役を男の役者に演じさせる。私は盲目ではないけれども、ホメーロス〔古代ギリシアの吟遊詩人、盲目であったとも伝えられている〕の詩を吟唱することもある。ニアメー〔ニジェール共和国の首都〕では、古代ペルシア人をニジェール人に演じさせた〔ジャン・ルーシュ〔フランスの民俗学者で映画監督、一九一七～二〇〇四〕の最後の作品 *Le Rêve plus fort que la mort*〔『夢は死よりも強し』〕の中でのことだった〕。また、私が演出した最新のペルシア人女王は黒い肌で、白い仮面を着けていた」。

わずか数行の言葉で、このアーティストは、誹謗者たちの被っていた仮面を見事に地面に叩き落とした。ロンドンやニューヨークのケースとは異なり、パリでは誰もが彼のバックアップに動いた。ソルボンヌ大学の学長は、起こったことを「正式に」強く批判した。「戯曲の上演を暴力と罵声によって妨げることは、創造の自由に対する非常に重大でまったく不当な侵害行為である。これはまた、他者の意図を勝手に決めつける非難であり、完全な見当外れであり、ソルボンヌ大学は最大の揺るぎなさをもってこれに抗議する」。一日でも早く公演が再開することを願う旨を発信し、大学は検閲行為に走った者たちを容赦なく批判した。「妨害者たちは、何かにつけてすぐ自分のなかに閉じこもったり、他者を排除したりする者たちなのである。その傾向を露呈しているにすぎない」。

政府も同様の立場を示した。高等教育省と文化省が共同声明を発表し、「大学内の表現と創造の自由に対する、今回の前代未聞の侵害を断乎として」断罪すると述べた。支援の態度を表明した多くの人びとの間で、この種の検閲を告発するためのネットワークが創設された。それが高等教育機関の教員と研究者による Vigilance universités（「諸大学における監視委員会」）である。この監視委員会は、「反人種差別を謳いながら人種を絶対視する急進イデオロギーが新たに大学に介入することを断乎として」[19]断罪するという。新聞界も、右派から左派まで一致して、同趣旨の見解を示した。[20]とはいえ、この事件で初めて亀裂が入ったことは事実なので、フランスが弱体化し始め、アメリカ化していくのではないかと考えさせられる。アイスキュロス作『救いを求める女たち』を検閲し、キャンセルしようとした者たちには、今では多くの連携者がいて、その数は従来のさまざまな小集団の比ではないのである。

最も古くから存在する左派系学生組合、フランス全国学生連盟（UNEF）が大きく揺らぎ、転換した。だいぶ前からそれを予感させる動きは見られていた。パリ政治学院の「ヒジャブ・デー」を支持したあと、この学生組合は、パリ第四大学でふだんからイスラム・ヴェールを着用している女子学生を代表に選出した。検閲の要求を支持し始めたのもこの大学においてのことだった。しばらく前から、この組合の使用する語彙は逸脱し始めていた。「有色の人びと」だの「国家レイシズム」だのに好んで言及し、そうでなければ、世俗主義者や「フェミニスト」たちを「イスラム教フォビア」の罪で告発するというありさまだった。使用する語彙の特徴からして、以前の組合の姿とは異なり、歴史的な変節が明らかだった。

19 «Pièce d'Eschyle censuré : le contresens d'un antiracisme dévoyé», Vigilance universités, site de *Libération*, 2 avril 2019.
20 この事態を受けて、週刊誌『マリアンヌ』は多くの単発記事と、一つの非常によくできた特集記事 «L'offensive des obsédés, de la race, du sexe, du genre, de l'identité...», Étienne Girard et Hadrien Mathoux, *Marianne*, 11 avril 2019. を掲載した。

フランス全国学生連盟（ＵＮＥＦ）はもともと、ライシテ〔世俗性、政教分離〕の原則を擁護し、宗教原理主義者たちや妊娠中絶反対派に対抗していた。この組合運動を担う学生たちは、とりわけ、学生の生活環境を改善するために闘っていた。しかし、それはすでに「以前」のこと、学生たちの間でアイデンティティ至上主義的な要求が台頭する以前のことである。この学生連盟はまず、組合活動の危機と、広く予告されたとおりのイデオロギーの終焉に影響され、自分たちの選挙結果の転落に直面した。それはとりもなおさず、外から容易に潜入することのできる格好の獲物となることだった。こうして、ＵＮＥＦが地方での複数の選挙連携協定を公式に締結した相手は、フランス国内でムスリム同胞団〔スンナ派のイスラム主義組織。イスラム法による支配を提唱〕の政治的原理主義の流れを代表するサテライト、Étudiants musulmans de France〔「フランスのイスラム教徒学生」〕であった。このイスラム主義学生集団の指導者が、ムスリム同胞団の説教師であり、現在は複数のレイプ容疑で審理にかけられているタリク・ラマダン〔スイス生まれの哲学者、宗教家、一九六二年生まれ〕にほかならない。

ＵＮＥＦの準拠するイデオロギーはもはやトロツキズムではなく、明らかにアイデンティティ至上主義であり、先住民主義（インディヘニスモ）である。もはや資本主義や宗教原理主義と闘うのではなく、『救いを求める女たち』のような戯曲の上演を禁じる、あるいはシャルブ〔フランスの諷刺画家で、『シャルリ・エブド』紙の元編集長、一九六七年生まれ。二〇一五年一月七日のシャルリ・エブド襲撃事件で殺害された〕の没後刊行書*Lettre aux escrocs de l'islamophobie qui font le jeu des racistes*〔未訳。『イスラム教フォビアをでっち上げてレイシストを利する詐欺師らへの手紙』[21]〕の朗読会を阻止するため集まる、といったことなのだ。

ここで述べておくべきは、『シャルリ・エブド』の元編集長がテロで殺害される直前に書いたテクストが彼らを名指ししていることだ。アヴィニョン演劇祭や諸大学での朗読会のたびに、検閲官たちがあのテロリストたち、あの殺害者たちの側に与《くみ》し、シャルブの言葉——反レイシズムの立場をとりつつ、あくまでも自由であった言葉——を葬り去ろうとする。パリ第七大学では、Solidaires（「連帯者たち」）と称する学生組合が、同大学の学長に対し、このテクストにインスパイアされた戯曲の上演中止を要求するところまで行った。UNEFの地方支部も支持を示し、上演日に会場となる階段教室になだれ込んでやろうとまで言い出した。リール〔フランス北部の都市。リール大学が所在する〕では、シャルブのテクストが朗読されようとしていた矢先の劇

21　Éditions Les Échappés, 2015.

場の前に四人の卑劣な若者がやって来て、シャルブの殺害に使われたカラシニコフの銃弾音の真似をし、警察が到着すると逃げ出した。[22] いまやこんな事態にまで私たちは立ち至っているのだ。

アイデンティティ至上主義の左派は、若者たちに政治意識を持たせて落ち着かせるどころか、彼らの狂信をさらに強化している。学生組合のOBの一人は、古巣に起きた展開に動転し、時事雑誌への寄稿文のなかで「UNEFはタリバン並みの連中の組合になってしまった」[23]と叫んだ。一九七〇年代において組織の責任者であったピエール・ジュルド〔フランスの作家、文芸批評家、一九五五年生まれ〕は、かつての自分は教条主義的で視野の狭い若者だったと語る。そんな彼でも、古典戯曲の上演を禁止すべく躍起になって闘おうなどと思ったことは一度もないという。「文化に対する戦争は、いかにも学生らしいご立派な闘争だ。民主主義的な理想よりも、ナチズムや、中国文化大革命の折の紅衛兵たちを彷彿《ほうふつ》させる」。

学生組合UNEFは彼の意見文に対して、きわめて心外だとコメントした。しかし、わずか数日後、ピエール・ジュルドのほうが百倍正しいということが、新入りメンバーの一人の行動によって証明された。

パリのノートルダム大聖堂の火災が甚大な被害をもたらし、フランスと世界中の人びとが胸を痛めている状況下で、ＵＮＥＦの中枢部に属するハフサという名の女子学生がツイッターで炎上した。次のような文を投稿したからだ。「パリのノートルダム大聖堂のことなんてどうでもいい。だって私はフランスの歴史なんかどうでもいいからね」、「木の破片のために泣いてるやつらが多くてうんざり。実は誰もがどうでもいいと思ってるのに。あんたらはフランスのアイデンティティが好きすぎるんだよ。あんたたち、せこい白人の妄想だね」。これでようやく皆がちゃんと理解した。極左の新世代は単にセクト主義的なだけではない。危険な放火魔的性質をも持っている。

反レイシズムの二つの顔

こうした論争で対立しているのは反レイシズムの二つのビジョンである。二つのビ

22 «Lille : ils miment une rafale de kalachnikov devant un théâtre pendant un spectacle sur Charlie Hebdo», *France TV*, 14 octobre 2019.

23 Pierre Jourde, «TRIBUNE. Eschyle censuré : “l'UNEF est devenu un syndicat de talibans”», *L'Obs*, 9 avril 2019.

ジョンがぶつかり合い、闘っている。一方には、普遍的なものの名において待遇の平等を要求する反レイシズムがある。[24]他方にあるのは、アイデンティティの名において特別待遇を求める反レイシズムだ。前者は普遍主義的だ。後者はアイデンティティ至上主義的である。

普遍主義者が望むのは、偏見に対して、また、アイデンティティの本質化に対して闘うことである。なぜ闘うのかというと、各人がその属性に還元されたり、属性のゆえに差別されたりすることなく、個々人が開花し、自己決定し、自分のジェンダーを選び、自ら選択する文化に自分のものとして生きられるようにするためだ。ジェンダーの壁の侵犯や異なるカテゴリーの混合を良しとする立場に立って、普遍主義者は、性別を変えることも髪型をドレッドロックスにすることもジャッジせず、アイデンティティを「流動的」なものと捉える見方を主張し、自己決定の自由を妨げる障碍と闘う。

この反レイシズムは、支配、偏見、反ユダヤ主義、レイシズム、ホモフォビアに対して、共同体としてまとまって行動を起こすこともあり得る。その目的はけっして特別な承認を得ることでも、特別待遇を受けることでもなく、差別を終わらせることである。これは、マーティン・ルーサー・キング牧師〔一九二九〜六八〕流儀の夢であり、最大多数の人びとに共有されるべきものだ。そこに存する忍耐と尊厳ある態度が、アメリカの公民権運動の力を成した。このやり方は、一見より穏健に見えるけれども、アイデンティティとアイデンティティの対立を煽ることなしにステレオタイプを退ける上で最も有効なアプローチであることに変わりはない。

フランスでは、普遍主義的地平線をめざすにあたって、具体的には「無差別への権利」を主張する。これはすなわち、外見、出自、性――生物学的性差あるいは社会的・文化的性差――などを理由に一つの枠にはめ込まれたり、ガラスの天井に妨げられたりしないということへの権利である。個人というものについてのこの高い理念は、啓蒙哲学から世界人権宣言に至る長い歴史のなかで育ってきた。かなり長期にわたって人びとに共有されてきたこの反レイシズムは、伝統的道徳秩序を求める反ユダヤ主義団体を拒否し、ドレフュス大尉〔アルフレド・ドレフュス、ユダヤ系フランス人の陸軍将校で、一九世紀末のフランスを揺るがせた大冤罪《だいえんざい》事件の当事者、一八五九～一九三五〕を擁護し、ナチスの民族皆殺し的レイシズムのおぞましさへの反発をとおして鍛え上げられてき

24　この分断については、多文化主義がもたらす危機と普遍主義に対する攻撃をテーマとする前掲の拙著 *La Dernière Utopie*（未訳、仮邦題『最後のユートピア』）で言及している。

た。反レイシズムのこの系譜に属するフランス左翼は、『シャルリ・エブド』紙の擁護に与《くみ》し、共和主義的、世俗主義的、反宗教原理主義的、反全体主義的であり、反ユダヤ主義が頭をもたげてくると、つねに警戒心を強める。そして、ちょうどいま、ヨーロッパでは反ユダヤ主義が再び目立ってきている。

フランス南西部の都市トゥールーズの学校の校門付近で子供たちとその親がモハメド・メラ〔アルジェリア系フランス人、一九八八〜二〇一二〕によって殺害された事件のように、政治的イスラム主義者たちがユダヤ人を標的とするテロ行為を繰り返しているだけでなく、ユダヤ人に敵対するさまざまな行為が急増している。その件数は、イスラム教徒に対する攻撃の二倍だ。

アメリカでは、状況は真逆だといえる。ユダヤ人が狙われることもあるが、大量殺人やテロ行為の大半は、レイシストで白人至上主義を標榜する極右の白人たちの仕業なのである。彼らによってのみならず、武装した容疑者にわずかでも恐怖を感じるとロボットのように発砲する警察官たちによっても、ほとんど毎週のように多くの黒人が殺害されている。

アメリカの反レイシズムとフランスの反レイシズムは歴史が異なるだけでなく、直面している困難も異なる。どんな宗教を信じているか、どのエスニシティに属しているかといったことが超えられない壁になっている米国社会の中で人種差別への抵抗から生まれてきたアメリカの反レイシズムは、エスニックなカテゴリーと闘うことではなく、「人種」の名においてより多くの多様性を要求することを選んだ。この「人種」という言葉は、フランスではタブーになっている。エスニシティを否定するからではなく、この言葉が人類をほとんど互いに混ざり合うことができないほどに異なる種類に分かれたものとして扱うナチス的信条を思わせるからである。肌の色も鼻の形も、ある一人の人間を別の種として扱う理由にはならない。闘おうとする相手が、ナチス流の分類をもたらし、人びとを強制収容所に移送し、殺害した偏見だから、フランスの反レイシズムは「人種」の重要性を最小限に見積ろうとする。アメリカの場合は違う。

そのような恐るべき偏見の存在にもかかわらず、アメリカではエスニックな分類に異議申し立てをすることは稀だ。むしろ非常にしばしば、アファーマティブ・アクションへの権利を要求するために、「コーカサス地方系」からさまざまな「混血」に至るまで、分類枠を増やすことで満足する。社会的な基準を採用すれば、「人種」間の競争を避けつつ、もっとも貧しい人びと――しばしば黒人である――を支援することができるのに、大学入学にあたっての特別枠や奨学金をエスニックな基準に基づいて求める結果、人種のステレオタイプが永続化され、もっとも貧しい白人たちのルサンチマンを培《つちか》うということになっている。

差別の終焉を要求するために集団的アイデンティティを明示することに問題がある、というのではない。困った事態が始まるのは、人びとが、人間や文化にアイデンティティの分離主義的ビジョンを適用するときだ。混合、交換、借用を禁じてしまうほどに、また、インスピレーションと盗用を混同してしまうほどに、それを適用するときだ。このような短絡は平等にではなく、むしろ報復に行き着く。混合ではなく、むしろ自己隔離を促す。エスニシティを基準にして発言や創造への権利といった特別待遇を要求することで、人びとが種々のカテゴリーや、個々のエスニシティに固有の発想方法を維持すると、支配者たちがそれらを用いて自らの偏見を正当化し、被害者面をする。

これこそが差異への権利の問題の全貌である。ステレオタイプをなくすどころか、むしろ強固にし、結局は諸々のアイデンティティを競争させる。こうしたなか、ますます多くの白人が、オルタナ右翼（Alternative Right）〔米国の右翼的・ポピュリズム的な潮流の一つ〕の憎悪に満ちたプロパガンダに敏感に反応し、自分たちのほうがマイノリティになって危機に晒されていると信じ込むようになってきている。これで黒人の活動家たちが、発言や創造を白人に禁止し出せば、状況はさらに悪化する。ドナルド・トランプが、バラク・オバマによる二度の任期の終了後に無遠慮極まりない発言によって反撃することができたのは、明らかに、ポリティカル・コレクトネスのこうした行き過ぎのせいであった。

アメリカの左派は、トランプの台頭から教訓を得ることができただろうか。より普遍主義的で平等主義的な左派としての道に立ち返ることの緊急性を感知している人びとも、一部にはいる。しかし、米国民主党と、さまざまなマイノリティないしコミュニティの代表者たちのほとんどは、アイデンティティに関して依然として硬直したビジョンに凝り固まっている。あえて別の道を提案する者は、たちまちのうちに、アイデンティティ至上主義的な反レイシズムの非常に有力で激烈な代表者たちを敵に回すことになるだろう。

このタイプの反レイシズムこそ、米国からイギリスを経由してカナダに至るまで、アングロサクソン系の国々の左派を難破させた上で、現在、ヨーロッパの若者たちに伝染しつつある反レイシズムだ。若者はいつの時代も、マーティン・ルーサー・キングの賢明さよりも、マルコム・X〔米国の急進的黒人解放運動指導者、イスラム教導師、一九二五〜六五〕の激烈でカッコいい急進性のほうを好む。たとえそのために、分離主義的であるばかりか、ときには原理主義的でさえあるアイデンティティ観を擁護することになっても——。ヨーロッパ大陸では今、そのような無分別に対する大衆の懸念に乗じて、極右勢力が台頭しているというのに！

極左主義の若者たちは、そのことをまったく気に留めない。より上の世代が若者であったときと同様、彼らはただ衝動にまかせて生きたがる。結果のことは考慮していないのだ。彼らはナチズムに対する抵抗運動よりも、人種差別や植民地化に対する闘争のほうにより積極的に自己同一化する。反ユダヤ主義の宗教原理主義的集団が相手でも、その集団が資本主義や帝国主義に対する闘争を展開すると主張してさえいれば、ためらいなく連携してしまう。「飢えたる者たち」〔革命歌『インターナショナル』冒頭の「起て飢えたる者たち」を想起させる表現〕には、彼らが現実にレイシズムの犠牲者である場合も、現実に狂信者である場合も、すべてが許されるのだ。これとは著しく異なる文脈において、植民地化によって現実に束縛されていたフランツ・ファノン〔植民地主義を批判し、アルジェリア独立運動で指導的役割を果たしたフランスの思想家・精神科医、一九二五～六一〕は、暴力やテロリズムに訴えることも含め、圧政から解放されるのに役立つのならどんな方法をとってもいいと判断していた。[25] この急進性に魅惑され、若い西洋人たちは「脱植民地主義」と感じられるあらゆる運動にこれを適用する。

彼らはさらに、黒人至上主義や、それが内包している反ユダヤ主義を支持するに至ることもある。マルコム・Xの信奉者の場合がそれにあたる。彼らは、マルコム・Xが激怒のあまりに原理主義的でレイシスト的な逸脱をしても、それを許してしまう。たとえば、彼が白人を悪魔に結び付けて「白人はもともと悪魔的であり、破壊されるべきだ[26]」と発言した折がそうだった。反ユダヤ主義のリーダーでヒトラーの賛美者であるルイス・ファラカーン〔「ネーション・オブ・イスラム」議長、一九三三年生まれ〕についてはいうまでもない。彼はユダヤ人を悪魔的な白人と見なし、当然駆除しなければいけない「シロアリ」に喩《たと》えることさえある。つい最近の集会で彼は述べた。「近頃ハリウッドで男を女に変えたり、女を男に変えたりしているだろう、ああいうすべての汚らしくて堕落したふるまいの原因をつくっているのはユダヤ人たちだ」。その上で彼は次のように威嚇した。「白人ども、お前たちはくたばる。サタンもくたばる。

25 «Pour le colonisé, la vie ne peut surgir que du cadavre en décomposition du colon», Frantz Fanon, *Les Damnés de la terre*, Maspero, 1961, ch.1.

26 Entretien avec Louis Lomax, «A Summing Up : Louis Lomax Interviews Malcolm X», *When the Word Is Given : A Report on Elijah Muhammad, Malcolm X, and the Black Muslim World*, 1963 and 1964.

そしてファラカーンが（彼は自分のことを三人称で語る）神の恵みにあずかり、悪魔的なユダヤ人の化けの皮を引っ剝がす。おれがここにいるのは、お前たちの時代は終わった（！）と宣言するためだ」。

このような人物たちが模範となって若者たちに影響を与えている。ウィメンズ・マーチの創始者の一人であるタミカ・マロリー〔米国の反人種差別・反女性差別運動家、一九八〇年生まれ〕も、二〇一八年二月におこなわれたこの「ネーション・オブ・イスラム」〔アフリカ系米国人のイスラム運動組織〕の集会に出席していた。彼女はファラカーンの発言を告発しなかった。また、彼とのツーショット写真を、彼を英雄化する「The GOAT」（「史上最高の人物」）というキャプションとともにインスタグラムに投稿し、それを取り下げることもしなかった。大方の批判を浴びて初めて、ブラック・ライヴズ・マター出身の活動家である彼女は、ネーション・オブ・イスラムの指導者の反ユダヤ主義とホモフォビアを否定すると表明した。その少し前に、政治的に明敏で、かつ勇気も併せ持つ女優のアリッサ・ミラノ〔一九七二年生まれ〕が、ウィメンズ・マーチのリーダーたちがそうした曖昧さを解消しないかぎり、自分はマーチの招待を受諾するつもりはないと意思表示していた。この一件以降、ここに名前を挙げた三名はマーチから遠ざけられた。しかし、アリッサ・ミラノはあえて警告を発したことによって、SNS上でたくさんの罵詈雑言を浴びせられたのだった。

ウィメンズ・マーチの当時のリーダーの一人、リンダ・サルスール〔一九八〇年生まれ〕は、イスラム・ヴェールを常用している女性だが、アリッサ・ミラノの警告は彼女にも向けられていた。彼女はハマス〔パレスチナ占領地域内のスンニ派のイスラム原理主義組織、一九八七年結成〕流のパレスチナ解放運動を支援する活動家であり、ピッツバーグのシナゴーグで白人至上主義者から襲撃を受けた被害者のために資金を集める一方、他方では、ユダヤ人に対する反感を教唆する運動を一般的に許されるものにする方向で動いている。彼女は二〇一二年にこうツイートしたことがある。「アメリカにおけるイスラム教の歴史を書く際、ネーション・オブ・イスラムはその歴史の不可欠な構成要素だ」。彼女は自分と同じイスラム教徒たちに、イスラエル人たちをけっして「人間化」しないように呼びかけており、トランプ大統領に対する抵抗運動のことを「ジハード」の一形態として語る。社会統合や人種の混合を奨励することからほど遠く、仲間たちが同化を拒否するように鼓舞する。「私たちの優先事項中の優先事項は、アッラーに、ただアッラーにだけ気に入ってもらうことなのよ」と。

これが、アメリカ流の反レイシズムとフェミニズムの新たな相貌なのだ。大学生や大学院生である自分たちの立場の特権性を忘れさせたくてラディカルな思想を渇望する若者たちに支えられ、アイデンティティ至上主義の反レイシズムがひたすらめざしているのは、その競合者、すなわち普遍主義的反レイシズムを排除することだ。この反レイシズムが最優先で布教の対象とする地域はヨーロッパにある。ヨーロッパでは、左派の内でも共和主義的で自由への執着の強い勢力が抵抗し続けているからである。

フランスでは、仏米間に存在するさまざまなネットワークによって後押しされる諸グループが、そうした情念を国内に持ち込もうとしている。たとえば、Brigade anti-négrophobie（「反黒人差別旅団」）のような小集団が、レイシズムを抑える上で効力を持ち得る戯曲や展覧会を軒並み禁止しようとしているし、二〇〇五年に設立されたIndigènes de la République（「共和国の原住民」）という反レイシズム団体が、米国のネーション・オブ・イスラムの言説に近い言説を発信している。「共和国の原住民」のリーダー、ウリア・ブテルジャ〔アルジェリア系フランス人の社会運動家、一九七三年生まれ〕が出した本の一つ *Les Blancs, les Juifs et nous*〔『白人、ユダヤ人、そして我々』未訳〕に表れているアイデンティティ至上主義的感性は、フランス極右の一部分から称賛された。[27] 伝統的極右はユダヤ人についてのブテルジャの記述を、また、プロチョイス（中絶権利擁護派）系フェミニズムに対抗する彼女の長広舌を素晴らしいと思ったのだ。その長広舌とはこれだ。「私の身体は私のものではない。

いかなる権威も、白人フェミニストによって、白人フェミニストのために考案されたスローガンを私に強いることはできない（……）。私は私の家族に、私の一族に、私の暮らす界隈に、私の人種に、アルジェリアに、イスラム教に属している」。この論理に導かれて、ブテルジャは次のように考えるに至る。ある女性が「彼女の一族」――つまりは彼女と同じ文化――に属する男性にレイプされた場合、その女性は、彼女の一族を標的とするレイシズムを助長することにならないよう、その男の告発を控えるべきである、と。明快な言いつけだ。フェミニストは、自分をレイプした男が黒人またはアラブ人である場合、また、イスラム教徒である場合には告発してはならない、まして自分もイスラム教徒である場合はなおさらだ、告発するのは裏切り行為だ、ということになる。フェミニストがイスラム教の名において宗教的原理主義を告発す

27 Houria Bouteldja, *Les Blancs, les Juifs et nous : vers une politique de l'amour révolutionnaire*, *La Fabrique*, 2016. 一九三〇年代風の攻撃的エッセイともいえる彼女の本に、反『シャルリ・エブド』的極右カトリックのリーダー、ベルナール・アントニー〔一九四四年生まれ〕は、右派系民放ラジオ局『ラジオ・クルトワジー』の番組（二〇一六年四月一三日）の中で敬意を表した。「ウリア・ブテルジャはまさにモーリス・バレス〔二〇世紀初頭に重きをなしたフランスの代表的なナショナリズム作家、一八六二〜一九二三〕的だ！」と。

れば、また、抑圧者の肌の色や宗教と関係なしにレイプや女性抑圧を告発すれば、そのフェミニストは、たとえイスラム教徒であっても、「白人女」であるとか、「イスラム教フォビアに罹《かか》っている」とかいった烙印《らくいん》を押される。

著者ブテルジャは「アッラーフ・アクバル（アッラーは最も偉大なり）」を、「うぬぼれた連中をテロる」（原文ママ）あの叫び声を聞いて、感動に打ち震えたと告白している。二六三人以上のフランス人がその叫び声を聞かされた直後にテロの犠牲となって死んだこの国において、このような突出した表現は格別に素性が怪しい。その記述より数ページさかのぼった箇所で、著者は、かつてフランスの共和主義の学校で「しっかり調教された」せいで、ヒトラーの「ユダヤ人大量虐殺〔ブテルジャは「ジェノサイド」ではなく、「ユダヤ人サイド」と書いている〕」を悲しまなければならなかったと不満を述べている。ブテルジャの本は、まさに戦前の反ユダヤ主義攻撃文書に比肩し得る本だ。ただし、この著作は、極右の「傾向」だけでなく極左のそれも帯びている。そして、アングロサクソン系の反レイシズムが提供するすべての中継や仲介の恩恵を受けてもいる。本の謝辞で著者が謝意を呈しているのは、「ヨーロッパ＋アメリカの反植民地支配ネットワーク」に参加している活動家たちに対してであり、彼女はそのネットワークに「多くの希望」を託していると述べる。これはすなわち、アイデンテイティ政治の完全にセクト主義的なビジョンをフランスに輸入するという「希望」にほかならない。

実験ラボ・カナダが抱える病

「アイデンティティ政治」の逸脱

「アイデンティティ・ポリティクス」は、通常「アイデンティティ政治[28]」、ときには「承認の政治」とも言われ、「人種」、性別、ジェンダーを重視して、対象となるマイノリティごとに別々の政治をおこなう意志を示す。この「政治」はごく少数のメンバーからなる諸集団の要求から始まり、エリート層や大学の中で育てられるのだが、ときにはゲットー化し、文化的セクト主義に走ってしまうこともある。

この種の逸脱は当初から萌芽的に存在していた。一九七七年に黒人レズビアン団体「コンバヒーリバー・コレクティヴ」が、分離主義的な声明文の中にアイデンティティ・ポリティクスという言葉を掲げたのだった。この小集団は女性解放運動に参加するよりも、重点を自らのアイデンティティに置き直すことのほうが革命的だと信じている。「私たちが思うには」と、この団体の声明文は述べている。「最も深くそして潜

28 Laurent Dubreuil, *La Dictature des identités*, Gallimard, 2019 の中で選択されている訳語。

在的に最もラディカルな政治は、他者が受けている抑圧に終止符を打とうとする努めもさることながら、それよりも、私たちに固有のアイデンティティにこそ由来する」[29]。すべてがここに表明されている。自分の臍《へそ》を見つめることのほうが、皆のために闘うことよりも、例えば女性解放運動に参加することよりも、重要だと判断されているのである。

あらゆる分離主義がそうであるように、この自己閉鎖が露《あら》わにするのは、何よりも先に精神的疲労とあきらめの気持ちだ。グループが前述の文を書いた当時、フェミニストたちは、「欲求不満な」女たちだ、みんなレズビアンだ、根本的に男たちに敵対しているのだ、家族にとって危険な女たちだ、と戯画化され、嘲笑されていた。こうした乱暴な攻撃をかわすべく、女性解放運動はその内部で、とりわけ激しく騒ぎ立てている分子を穏健化しようと試みた。ラディカルなレズビアン、いわんや黒人や分離主義者は、おとなしくすることを求められたのだった。

数年後に私自身も、フランスのフェミニズムのなかでレズビアンの権利要求を浮かび上がらせることの難しさを思い知ったので、あの当時の抵抗や苛立ちの感情、「分離」に踏み切りたいという誘惑は、どんな困難もなしに想像できる。自らのアイデンティティを事細かに分析してみる「仲間内」の雰囲気は、ある種の自己嫌悪を解消し、心の安らぎを得るのに役立つ。それは、私も身をもって経験した。しかし私は同時に、この追求が他者および共同闘争の拒否の中でおこなわれる場合、どれだけセクト主義に転じやすいかということも知っている。

世俗から離れ、植物と動物――ただし雌《めす》にかぎる――に囲まれて暮らす、フランス人レズビアンのグループに会ったことがある。この女性たちは、世界の流れを変えはしなかったし、ホモフォビアをほんの僅かも後退させなかった。急進主義者たちはしばしば、辛抱強さのない、他者たちを変える力のない人びとだ。本人自らそのことを認めるならまだしも同情に値するのだが、彼／彼女らはむしろ好んで、自分たちに既成秩序を覆す力があると信じる。とはいえ、二重の抑圧を受けている黒人レズビアンたちのケースがまさに相当するのだが、共同闘争を放棄することなしに、自分が感じさせられている息苦しさの特殊性を言語化して吐露するためのグループを結成することもできる。あくまで女性解放運動のただ中で運動し続けた、ラディカルなレズビアンの活動家たちは正しかった。分離主義者たちではなく彼女たちこそが、カップルや

29 Combahee River Collective, «A Black Feminist Statement», in Alison Jaggar and Paula Rothenberg, eds., *Feminist Frameworks*, New York, McGraw-Hill, 1984, p. 204.

家族の概念をがらりと変え、女性の身体と性を解放したのだ。それは真の革命だった。

分離主義には、行き着く先のあったためしがない。たしかに、逆境によりよく耐えるために自分を再構築するのが目的なら、個人的セラピーにはなり得る。しかし、それは政治ではなく、今後もけっして政治たり得ないだろう。コンバヒーリバー・コレクティヴの声明文の最大の過ちは、自分たちのアイデンティティへの内向をひとつの政治方針として提示してしまったことにある。曰く、「私たちに固有の被抑圧の問題への専念は、アイデンティティ政治の概念の内に具体化する」。ここに、問題の言葉が発せられている。以来、この言葉が、共通の未来を構築するための政治を推進していくはずの男性たちや女性たちの場合も含めて、すべての人びとの口の端に上る。とうとうアメリカの左派は、より多くの公正さを求めて進んでいく代わりに、さまざまなアイデンティティを硬直化するアプローチの方へと逸脱していった。多様性を求める闘いが、ときには、平等を求める、より野心的な闘いへのあきらめを覆い隠すのに役立つことさえある。

シェーン・フェラン〔米国人、一九五六年生まれ〕のようなフェミニズムの理論家たちも、危険を察知した。フェランは一九八九年には、「アイデンティティ政治」に関する著作を締めくくるにあたって、分離主義の誘惑に対する警告をおこなった。彼女曰く、「アイデンティティ政治を生活をあらゆるレベルで純粋化する要求に変容させるとしたら、私たちは当初の目的へと向かう闘いを否定することになる」。この道をたどって行った先には属性へのさらなる還元が待っているという意味で、彼女は次のように予言した。「内側から押し付けられたものであろうと、外側から押し付けられたものであろうと、交渉の余地のないアイデンティティが私たちを支配することになるだろう」。

この言葉には何もつけ加える必要がない。ここに述べられていることがすべて事実となった。数十年で、「アイデンティティ政治」は、マイノリティの可視化から、アイデンティティへの釘付けの一形態に変容した。承認の政治が、非常にしばしば怨恨（ルサンチマン）の政治に行き着く。理論上はもちろん、平等の追求である。しかしこの道が選ばれると、ステレオタイプが維持され、報復が助長される。

主だった障碍《しょうがい》や本物の差別が後退してからは、ますますその傾向が強くなっている。あたかも操業停止の状態に陥るのを恐れているかのように、プロ活動家たちは、些末な論争を無理に膨らませ、中身のない闘争に飛び込んでいるようだ。

ここで私が問題視しているのは、ハラスメント、レイプといった本物のタブーをついに打ち破った #MeToo のような運動ではない。そうではなくて、自分の地位を要求するために、演劇や、映画や、大学に偽物の敵を作り出す連中のことを問題にしている。この連中の場合、世の中で発言するのは、今ではいつもきまって他者たちを黙らせるためだ。しかも、彼らはそれを、被抑圧者という自分たちの身分を是正するために与えられる特別待遇の名においておこなう。こうして、本当の支配者たちにとって好都合なゲットー化現象が進行する。これが顕著になるのは、「アファーマティブ・アクション」の恩恵を優先的に受けるべきいちばんの犠牲者が誰であるかを決めるために、マイノリティとマイノリティが互いに相手を喰いあうような事態が始まるときだ。反レイシストたちが、フェミニストたちに向かって黙れと命令することさえある。こうした厳命は、いわゆる「インターセクショナリティ」の名において発せられる。

「インターセクショナリティ」は、女性として、かつ同時に黒人として受ける二重の抑圧を告発するという気高い意図から出発したにもかかわらず、アイデンティティ政治が持っている危うい傾向をさらにいっそう悪い方向へと助長する。アフリカ系フェミニズムから生じ、一九八九年に大学教員のキンバリー・クレンショー〔米国の弁護士、人権活動家、一九五九年生まれ〕が理論化したインターセクショナル・フェミニズムは、元来、性差別に対する闘いと人種差別に対する闘いを連結するはずのものだった。ところがその結果はというと、インターセクショナル・フェミニズムはこの二つの闘いを競合関係に置いてしまう。人種差別を煽るのを恐れるあまり、性差別――レイプやイスラム・ヴェール――の告発を禁止しようとする動きまで出ている。「共和国の原住民」のリーダーが、レイプをした男がイスラム教徒である場合、あるいはレイシズムの被害者になる可能性のある者である場合には、告発を控えるべきだと主張したのとまったく同様である。もっと具体的に話すなら、ハーヴェイ・ワインスタイン〔米国の映画プロデューサー、二〇二〇年にレイプと性的暴行で有罪判決を受けた。一九五二年生まれ〕は告訴できても、影響力あるイスラム教の理論家であるタリク・ラマダンの告訴はしてはいけないということになる。

問われるのはもはや、支配的な立場にある男性がある女性をレイプしたか否かではない。そうではなくて、その男性が文化的マイノリティに属しているか否かなのだ。マイノリティに属している場合には、マイノリティの一員としての彼を擁護することが、レイプの告発よりも優先される。これとまったく同じパターンに、四〇年前のセクト主義的なマルクス主義者たちも嵌《はま》っていた。一九七六年にフランスで、あるフェミニストが移民労働者にレイプされる事件が起きた。すると、仲間たちが彼女を呼び出し、告訴を思いとどまるように圧力をかけた。仲間たちが彼女を責めたのは、プロレタリア階級のイメージを汚せばレイシストである経営者側を利することになるという論理によってだった。この厳命は、当時、女性解放運動の内部に大きなショックを与えた。この一件を記憶している者は、極左組織が女性の権利のための闘いをさまざまな要求の末端に、革命実現に向けて優先される闘争よりもはるか後ろの方に追いやることにかけて、どれほど器用であるかを知っている。今日、若い世代も同じパターンの誘惑に嵌《はま》りつつあるのだが、そのことを自覚していない。

家父長制は抜け目がない。手練手管に長けているとさえいえるだろう。さもなければ、とっくの昔に消滅していてもおかしくないのだから。今日では「インターセクショナル・フェミニズム」という仮面を見つけ、女子割礼やイスラム・ヴェールに対する闘いはレイシストを利する行為であると、むしろ世俗主義的で普遍主義的なフェミニストたちを「イスラム教フォビア」の薄汚れた白人ブルジョワとして非難するべきだと、若いフェミニストたちに説いている。たとえその若いフェミニストたちがイスラム教文化に属していて、その文化の中で自分の被っている抑圧を告発していても、そんな話をする。宗教原理主義、セクシズム、ホモフォビア、反ユダヤ主義などの運動と連帯することさえ辞さない姿勢で——。

インターセクショナリティの提唱者たちは、イスラム教原理主義者たちを分析するときに、けっして彼らを支配者と見なさない。彼らを他の一般のイスラム教徒たちと混ぜ合わせ、全体としてあたかも唯一で同一のコミュニティを形成しているかのように提示し、西洋レイシズムの被害者として遇する。レイプしようと、イスラム・ヴェールを強制しようと、人の首を斬ろうと関係ない。彼らは何よりも先に反抗者であり、「飢えたる者たち」であり、植民地支配から解放を求めている、というわけだ。「秩序転覆」というこの漠然としたビジョンの名において、哲学者のミシェル・フーコーは、慎みなくも熱狂的にイランのアヤトラ・ホメイニー師を支持した。彼に言わせれば、ムッラー〔イスラム世界の律法学者たちのこと〕たちは「狂信者」ではなく、抑圧された人びとの声なのだった。「イスラム教の統治」とは「世界を変貌させ」、「世界的へゲモニー」に終止符を打つ「政治的精神性」なのであった。フーコーは、かつて西洋においてと同じくらい自由であったイラン女性たちが再びイスラム・ヴェールを被るのを見て、喜びさえも表したのだ！　独裁が宣言され、反対者たちがことごとく刑務所に送られて拷問にかけられた頃になってようやく、『監獄の誕生』の著者は言いよどみ、ついに心配するようになった……。時すでに遅し。しかし幸運にも、彼はフランス生まれであって、テヘランで生まれたのではなかった。したがって彼は、かの有名なエヴィーン刑務所〔テヘランの北方に一九七二年に建設され、一九七九年のイスラム革命後も拡大されて今日に至っている〕へ、イスラム教の規範を破った者を今日でも四〇年前と同様に拷問しているあの刑務所[30]に、参与観察調査をしに行く機会を一度として持たなかった。

この知的無分別が、M・フーコーの弟子たちの間で今も続いている。今日なお、「秩序転覆的」と自認するフェミニストや反レイシストは、「ネーション・オブ・イスラム」、ハマス、ムスリム同胞団、イラン体制などに肯定的な視線を向ける。それにあたって、ときには、アメリカのソフト・パワーや国務省の力を借りる。また、それにもまして、「アイデンティティ政治」に心酔する教員と学生の一世代を形成したアメリカの大学のネットワークに助けられる。

「アイデンティティ政治」は、いくつかのラディカルな小集団から出発したのだが、一九九〇年代にアメリカのキャンパスで盛んになったポストコロニアリズムの研究プログラムのおかげで大学において勢いをつけた。ここでもまた、良い意図が悪い方向へ逸脱してしまったわけである。

当初、女性学やポストコロニアル・スタディーズは、植民地支配や家父長制の規範を「脱構築する」ことに資するものだった。偏狭な規範から解放された歴史ビジョンを伝達し、マイノリティの祖先が受けた抑圧を直視するために必要な専攻領域だったのだ。問題が生じるのは、活動家としての意欲が、批判・検証の精神を伝達していく義務に優越してしまうときだ。つまり、それらの専攻に設置される講義がアイデンティティ至上主義のドグマを教え始めるときである。

この道徳はカナダの多文化主義と承認の政治のシンパを味方につけ、その後フランスに及んできて、フーコー哲学の信奉者たちや、ピエール・ブルデュー〔一九三〇〜二〇〇二〕の社会学の継承者たちのもとに定着した。[31] もし誰かが彼らのドクサ（思い込み）を問い直そうものなら、逸脱だとして責められるだろうし、またもちろん、アカデミアのいずこにもポストを得ることができないだろう。互いに推薦し合う教員兼活動家たちに独占されてしまった結果、それらの専攻は大学の内部に正真正銘の知的ゲットーを形成した。*L'Art du politiquement correct*〔『「政治的正しさ」のアート』未訳〕

30　Mitchell Cohen, «Un empire de la langue de bois : Hardt, Negri, et la théorie politique postmoderne», *Controverses*, n°1, mars 2006.

31　社会学者のナタリー・エニック〔フランス人女性、一九五五年生まれ〕は、著書 *Ce que n'est pas l'identité*〔未訳、仮邦題『アイデンティティではないもの』ガリマール社、二〇一八年〕の二六頁で、「英米の諸大学が、多くの部分において幻想に類する『フレンチ・セオリー』に準拠して掲げるに至っている極端なポストモダニズム」に言及している。

著者のイザベル・バルベリス〔フランスの舞台芸術論研究者、一九七六年生まれ〕は、この「反文化的な新たなアカデミズム」[32]を懸念している。彼女の考察によれば、これは、いわゆるフレンチ・セオリーが「アメリカのアイデンティティ至上主義左派のもとで肥大化した後、フランスに逆輸入された」[33]結果の産物だ。この派が、「人種問題におけるポスト・フーコー主義」とでも言うべきものを生み出した。逆説的にも、アイデンティティの「言語遂行的」ビジョンが、社会的規範やジェンダーからの解放をめざして自己を表明する自由を護ると見なされていながら、正反対の結果に行き着いたのである。

この派の権利要求の仕方は、極度に共同体主義的であるとともに極度に犠牲者至上主義的で、アイデンティティを固定する。ほかでもないジュディス・バトラー〔米国の哲学者、一九五六年生まれ〕が数年前に要求していた「ジェンダー・トラブル」はどこへやら。[34]フレンチ・セオリーのアメリカ的ビジョンは、イスラム・ヴェールを秩序転覆的な遂行行為の頂点のように見る。ヨーロッパにおいて、好んでイスラム・ヴェールを身につけるというこの新たな流行が、女性たちから男性たちを明確に分離しようと図る宗教的原理主義の再来を伴っているとしても、そんなことは気にかけない。市民を「有色人種」と「非―有色人種」に、トランスジェンダーとシスジェンダー〔生物学的性がジェンダー・アイデンティティと一致している人）に分類する世代にとって、分離主義はそもそも問題にならない。今では分離主義が昂じ、人種により、また、性別によりバラバラに分かれておこなう「非混合」の討論ワークショップが推奨されるに至っている。あらゆる文化の借用や混交がひどく嫌悪されるに至っている。

カナダでは、ヨガまでもボイコットされている！

カナダは、「多文化主義」のモデル国として知られているが、「文化盗用」のことで逆上現象の起こる国でもある。ここでは、病が非常に進んでいる。文化盗用の排除をめざすキャンペーンの行方を知るにはうってつけの実験ラボだといえる。二〇一五年の秋、常軌を逸したさまざまな事件に慣れているはずのメディアを仰天させる事件が

32 Isabelle Barbéris, *L'Art du politiquement correct*, PUF, 2019, p. 45.
33 *Ibid.*, p. 29.
34 Judith Butler, *Bodies That Matter*, Routledge, London, 1993.

起きた。世界が血を流し、瓦解が始まっている最中《さなか》、カナダの若者たちがヨガのレッスンに反対するために立ち上がっているというのだった。

　ヨガのレッスンは七年前から、オタワ大学に通う障碍《しょうがい》者学生たちに無料で提供されていたのだが、ある日、担当者の若い女性、ジェン・シャルフ〔ドイツ語読みではイエン・シャーフ〕がレッスンを継続しない予定だと言い渡された。主要な学生組織であるＳＦＵＯ（Student Federation of the University of Ottawa）内の「障碍者学生センター」が、突如、自分たちはインドの風習を盗用している恐れがあると言い出したのだ。この不安を正当なものとして説明したのは、インドとその国民が「植民地主義と西洋至上主義のせいで抑圧、文化的ジェノサイド、ディアスポラの憂き目に遭った[35]」という事実であった。ちょうど同じ頃、その話題の「植民地支配された国民」は、非常に反イスラム教的な極右の首相を選出したばかりだった。その首相、ナレンドラ・モディは、ヨガを「仏教的」な文化の象徴のように考えていて、その輸出を奨励する意思を隠していなかった。せめて、オタワの学生たちがヨガをボイコットしようとした理由が、政治的良心の名において首相の方針に反対するためであったなら、話が少し違っただろう。しかし、そういうわけでは全然なかった。モディ首相を含めてすべてのインド人が、西洋の被害者と見なされていた。そしてヨガをボイコットすれば、それが西洋の側からの償いになると捉えられていた。

「三〇年以上ジャーナリズムに携わってきて、もう何もかも見たような気でいた」と、ナタリー・ペトロスキー〔フランス生まれのカナダ人ジャーナリスト、一九五四年生まれ〕はモントリオールの『ラ・プレス』紙に書いた。ところが彼女は、このボイコット事件に接して、「この新傾向がもたらす無理強いの数々」――これを彼女はあえて「文化警察[36]」的と形容する――にはこの先もまだまだ驚かされそうだ、と感じたのだった。

その後の数年は期待を裏切らなかった。グロテスクさを競うかのような理由での論争が次々に発生した。ある音楽フェスティバルは参加者にウォーボンネット〔北米先住民風の冠〕の着用を禁止した。歌手のナターシャ・サン＝ピエ〔カナダ人歌手、一九八一年生まれ〕は、ビデオクリップに先住民習俗のアイテムを導入したことで非難された。若い白人男性のコメディアン、ザック・ポアトラのショーが二つ中止されたのだが、それがなぜだったかといえば、彼がドレッドロックスの髪型をしているのがあり得な

---

35 Aedan Helmer, «Free Ottawa Yoga Class Scrapped Over "Cultural Issues"», *Ottawa Sun*, 20 November 2015.

36 Nathalie Petrowski, «Touche pas à ma culture...», *La Presse de Montréal*, 17 décembre 2015.

い、許せないというのだった！　ケベック大学の学生たちは、彼の髪型を「歴史的に被支配者の立場にあった文化を出自とする人びと」に対するひとつの「暴力」と見なしたのだ。まったくもって、カナダの新しい世代の学生たちは、筋肉も頬もゆるめたくないらしい。

こうしたキャンペーンのばかばかしさは驚くべきものであるが、それは部分的に、二つの植民地支配から生まれたカナダの歴史によって説明できる。もちろん、一つはフランスによる植民地支配、もう一つはイギリスによるそれである。いずれの植民地支配も、先住民を排除し、彼らが居住していた土地にこの複数言語国家を建設した。オーストラリアのアボリジニやアメリカのインディアンが犠牲になったケースと同じく、とてつもない暴力を代償にした国家建設であった。先住民はいまや住民人口のうちのわずか四・三％しか占めていない。麻薬依存症と、異文化との接触による文化変容によって彼らの共同体は消滅の危機に瀕している。つまり、彼らは特別な配慮や計らいを、また、ときには、より踏み込んだ諸調整を受けるに値している。問題は、先住民たちのコミュニティが被った損害を補償するために考えられた文化的自律への権利が、「多文化主義」の名において、国内のあらゆる種類のマイノリティに拡張されて、国の一体感を脅かすまでに至っているということだ。

カナダは外国人に対して開かれた感覚を持っていて、移民導入の戦略的必要性も抱えているということで知られる国だが、多文化主義の名でありとあらゆる行き過ぎが認められてしまう国でもある。「多文化主義」が意味するのは、それ自体としてはとてもポジティブなものだといえる社会の多文化状態ではなく、公共政策によってマイノリティの差異への権利を育てることである。このことには、共通の原則のもとに結集しているのだという国民意識を解体するリスクが伴っている。そのリスクが顕在化するのは、「リーズナブルな調整[37]」の名において、ある文化やある宗教集団のメンバーたちに、平等性の尊重よりも彼らの信仰と彼らの伝統を優先することを許す場合だ。その調整がきっかけとなって、たちまち逸脱が起こる。

当初、「調整」は、妊娠した女性が働く時間を按配《あんばい》できるようにする目的で考えられたものだった。ところが結果的には、ラディカルな宗教グループの要求に応じて、男女平等の原則の遵守を回避するのに使われている。

ここ数年、とんでもない要求が少なからず現れて、新聞雑誌のコラムで話題になった。ユダヤ教のラビ養成学校の一つが、あるスポーツジムの窓ガラスをすりガラスに

37　私は、*La Dernière Utopie*（前掲書）の中で長い一章をまるごと割いてこの問題を論じた。

することを要求したのだが、その理由が、自分たちの学校の正統派の学生たちが、汗だくになってトレーニングをしている女性たちの姿を見かけて混乱してはいけないから、というのだった。手を怪我して緊急外来に来たユダヤ人が、自分は何としても安息日の前に処置してもらう必要があるのだからといって、治療の順番待ちをしている人びとを差し置いて自分をいちばんに通せと要求した。宗教コミュニティのメンバーたちが、自分たちは特権的な待遇を当然のように要求することが許されていると思っているばかりではなく、彼らの感情を害するのを恐れて、周りがその要求に応じてしまうのだ。こうしたことが、ケベックにおける「リーズナブルな調整」の危機を早めた。二〇〇七年に政府が緊張を緩和するため、ブシャール&テイラー委員会という、報告書作成を担当する大学人二名の名前で呼ばれる委員会を設置した。激しい討論と突拍子もない記述に一年を費やしたのち、二人の委員会報告者は何も変えるべきではない、表明されている懸念には根拠があり、それはレイシズム的なものでさえあると結論した。

確認しておくべきことがある。この報告書の共著者の一人であるチャールズ・テイラー〔カナダの政治哲学者、一九三一年生まれ〕は、宗教的理由に基づく権利要求に対して格別に寛容なバージョンの多文化主義の「教皇」にほかならない。彼自身はＷＡＳ

Ｐ〔アングロサクソン系でプロテスタントの白人〕であり、異性愛者であり、そして信仰を持っている。アメリカの宗教右派は、テイラーの好ましくも忠実な貢献を評価して、たいへん高額な賞金の設定されているテンプルトン賞を彼に授与した。事実、テイラーは一生涯、承認の政治をプロモーションするという口実のもと、普遍主義に対抗する論陣を張った。承認の政治は、あるひとつの文化の「真正性」を尊重するという口実のもと、ある種の文化的自律性への権利を認め、さらにはそれを保護する。そうすれば、アイデンティティの本質化されたビジョンへの逸脱が起きかねないが、それも承知の上でということになるだろう。もっとも、ひとりの政治家でもあるこの知識人がもたらそうと腐心するニュアンスはそれと異なる。彼は、世界が「犠牲者コンクール」に変形してしまうことを嘆くこともあるのだ。しかし、彼の全仕事と彼が打ち出した承認の政治は、まさにその変化を促進してきたのである。

彼の教導権は強力である。多文化主義の信奉者たちは何年も前からカナダの大学で互いに推薦し合い、採用し合っている。キャリアを築く上で、多文化主義に反対してより普遍的なビジョンを擁護することほど危険なことは他にない。文化の統制は思想の統制に転じていくようである。雑誌 *Write* の編集長に起きたことがそれを証明している。

二〇一七年、「カナダ文筆家組合」といった意味のタイトルを持つ季刊誌 *The Writers' Union of Canada* が、ある号を先住民の作家たちの作品に割いた。先住民作家たちのテクストの傍らに、編集長を務める文筆家のハル・ニエッツヴィエキー〔カナダの小説家、一九七一年生まれ〕は、「文化盗用」という概念の正当性に異議を唱える文章をあえて掲載した。他文化をわがものにする実践はむしろ、他者に自らを開く実践であると彼は考える。白人作家が多数を占めすぎている文学がより多様な物語を想像できないでいることを嘆き、彼はより混血的なインスピレーションを擁護した。「私の考えでは」と彼は書いた。「誰でも、どこででも、他の民族・他の文化・他のアイデンティティを想像することを奨励されるべきだ。私はさらに言いたい。そうした実践に報いる賞、文化吸収賞とでも名づけられるべき文学賞、つまり、自分と共通点のない、わずかな共通点さえない人びとを主題にした作品のうちで最高のものに報いる文学賞が存在すべきだと思う」。彼のこの記事は「めざせ、文化吸収賞」というタイトルで、この賞の運営を引き受けようとする者に五〇〇〇ドルを約束していた。

この記事がウェブに掲載されるやいなや、嵐が起こった。米国生まれで先住民のルーツを持つ作家のアリシア・エリオットは、「内心において裏切られた」と述べた。彼女自身のテクストは、編集長ハル・ニエッツヴィエキーのそれとは異なる解釈を提示していたが、編集長はそれを当該雑誌の同じ号に掲載したのだった。ところが彼女のほうは、他者に対して、別の考え方をする権利を拒絶する。この女性作家は明らかに、ハル・ニエツヴィエキーが持っている能力、すなわち別の意見を容認するという能力を欠いているようだ。

怒り狂ったツイートの雨に叩かれ、作家たちが連名で署名する意見文によって組合を去れという脅しを受けたハル・ニエツヴィエキーは、申し開きをせざるを得なかった。彼が述べたのは、誰をも傷つける意図はなかったということに加え、どんなリアクションが起こっているかは承知しているものの、いったいどういうわけで「文化を自分のものにするというのが、先住民の人びとにとって暴力的」であるのかは理解しかねる、ということだった。嵐はさらに激しさを増した。編集長はついに辞任してしまった。彼を護るどころか、作家たちの雑誌は平伏して謝罪した。「本誌の意図は真っ当で活発な討論のスペースを提供することと、すべての意見を誠実にエンカレッジすることです」。ひとりの作家が複合的で寛容な思想を展開したのに、それを放任したのは失敗だったとみなすそうだ！　その上、この雑誌は彼を追放して償いの代わりにした。議論の打ち切りであった。

さまざまな先住民の苦しみを全部合わせても、このような思想統制を正当化することはできない。こんな思想統制は何ももたらさず、何も修復しない。先住民を子供扱いするに等しい仕業だ。レイシストたちを縛るどころか、激昂させ、しかも彼らの陣営へと、このような逸脱のありさまに恐怖を覚える反レイシズムの支援者たちを追いやる。この思想統制が脅かすのは、憎しみの炎とこの種の愚劣さの間で挟み撃ちに遭う民主主義者や、普遍主義者や、誠実な反レイシストばかりだ。確信に支えられて行動する勇気ある人たちだけが、今もなお抵抗している。

『カナタ』の抵抗

最もコスモポリタンで、最も反レイシズム的な劇団といえば、アリアーヌ・ムヌーシュキン〔フランスの演出家、一九三九年生まれ〕が一九六四年に創立した太陽劇団をおいて他にない。フランスでは誰もが、彼女の政治参加的・社会参加的戯曲を知っている。たとえば、*Le Dernier Caravansérail*〔『最後の隊商宿』〕は戦争や貧困から逃れるため亡命する人びとの話を語っている。その上演の折には、アフガニスタン人、イラク人、クルド人、イラン人の難民が劇団に参加した。ただ単に記念写真を残すためではなく、それぞれの演技によって生きるためだった。各人は同額の給料を受け取り、自分のポジションに値するよう、すべての役柄を演じる用意がなくてはならなかった。そこには、建前だけではない、現実態の普遍主義があったといえるだろう。

戯曲『カナタ』は、マイノリティのための積極的活動で知られるケベックの演出家、ロベール・ルパージュ〔一九五七年生まれ〕との連携から生まれた。先住民が自分たちの生まれた土地において耐え忍ばされた苦しみを描写する作品だ。この野心的なスペクタクルはフランスとカナダで上演されるはずだったのだが、悪い論争が起きてしまった。実際には、別の論争の跳ね返りであった。ルパージュがその一つ前に演出した*SLĀV*は、奴隷の歌声にのせて一人の黒人移民女性の人生を語り、レイシズムの歴史を再検討するという内容だ。歌は、スラブ系でありながらレイシズムを告発する歌のレパートリーを長年にわたって作り上げてきたベティ・ボニファッシ〔カナダ人の歌手、本名ベアトリス・ボニファッシ、一九七一年生まれ〕のアルバムにインスパイアされていた。非難されたのは、彼女の肌が白いことだった。舞台上のコーラス陣は黒人であった。皆ユニゾンで歌った。しかしハーモニーには、「文化盗用」の審問官たちは何の関心もない。彼らはけしからんと騒ぎ立てた。上演計画から三か月後、八〇〇〇枚のチケットがすでに売れていたにもかかわらず、演目はプログラムから外された。

上演キャンセルに勢いを得て、またおそらくは、今後気をつけると約束したロベール・ルパージュの謝罪――「メア・クルパ（わが過ちなり）」――があったからか、検閲官たちは彼の演目をふるいにかけることにした。かくして彼らは、先住民の抑圧を扱った演劇プロジェクトを見つけた。今度は予防的に威嚇の体制が出来上がった。先住民のアーティストと知識人一八名および彼らの仲間の非先住民一二名（この一二名は本人の出自にもかかわらず口出しすることが許可されていた）の署名で『ル・ドゥヴォワール』紙〔カナダの日刊紙、一九一〇年創刊〕に次のタイトルの意見文が載った。「またもや、先住民のわれわれ抜きで計画が進んでしまうのか？」[38]

意見文は努めて「礼儀正しい」表現を用いていた。冒頭彼らは、うんざり感を表明した。非先住民が、先住民の受けた抑圧を語って、それをカナダ史のおぞましい一ページとしてではなく、〈先住民の〉歴史として提示することに対して我慢がならない、というのだった。その歴史は自分たちの歴史なのだから、用益権も自分たちにあるという主張だった。物語を語るのが先住民でないのなら、せめて先住民に演じさせろと、彼らは要求した。「公共空間の中で、また舞台の上で、見えない存在にとどめられていることが、われわれに不利に働いている。われわれが光の当たらない、見えない存在であるということを、マダム・ムヌーシュキンとムッシュー・ルパージュは考慮に入れていないようだ。その証拠に、われわれの民族のメンバーが一人もこの戯曲を構成するメンバーになっていない」。

公式には、彼らは検閲を望まなかった。「誰に対する検閲もしたいとは思っていない。われわれの精神性と世界観は、そういった手段とは相容れない」。彼らの提案は別のものだった。「望ましいのは、われわれの才能が認められること、それが現在そして未来において讃えられることである。なぜなら、〈われわれは存在している〉のだから。われわれのうちの幾人かは『カナタ』のプロモーターから単に相談を受けた。しかし、われらが民族のアーティストたちは、この戯曲を演じる舞台の上で自分たちの誇りを表明できてこそ幸せだと思っている」。まったく明らかに、これはキャスティングの提案である。この提案は脅迫を伴っている。そして、演劇の芸術性に対する重大な軽蔑も伴っている。演劇芸術の高い価値は、DNA検査などを介さないで他者の身になりきるというところに存しているのだから。

アリアーヌ・ムヌーシュキンが、自分の劇団の俳優の一人からその俳優の出自がよくないという理由で役を取り上げる、などということは考えにくい。彼女の劇団が包

38 «Encore une fois, l'aventure se passera sans nous, les Autochtones?», *Le Devoir*, 14 juillet 2018.

含している国籍は二四以上にも上る。たとえば、イラン人、アフガニスタン人、イラク人、ブラジル人、チリ人、香港人、台湾人。ムヌーシュキンの存在意義は、彼らがすべての役柄を演じることができるようにすることであり、その役柄には、俳優が肌の色のせいで絶対に演じさせてもらえないタイプの役も含まれている！

劇団とは、調和のとれたグループを形成するために一年中稽古するものだ。仮に外から圧力をかけられた状態で、ボイコットされたくなくても、リハーサル期間中に新入りを募集することなどできない。前述の意見文の作成者たちは、自分たちの要望を側面から強化するために、カナダには先住民の代表が創作に関わっている作品への助成金が存在することも指摘した。「エクス・マキナ〔ロベール・ルパージュが一九九四年に結成した劇団・製作会社〕は、ケベック州芸術・文学評議会とカナダ芸術評議会による融資をすでに利用している。また、われわれは、先住民とのコラボレーションや、彼らとの和解を目的とする文化的プロジェクトのために用意されている助成金が利用可能であることも知っている。こういったパートナーシップは、先住民が単に相談を受けるだけでなく、プロジェクトに参加することをより強く促しているように思われる」。

このような助成金システムを設置していながら、不思議にもカナダは未だに、先住民によって書かれ、演じられる戯曲の重みで倒壊していない。なぜ自ら上演しようとしないで、すでにそこに形成されている劇団が助成金なしで苦労して上演活動をしようとしているのに対して、言いがかりをつけるのか。なぜ自ら創造しようとしないで、ロベール・ルパージュやアリアーヌ・ムヌーシュキンが彼らなりの視点をそこに加えることを非難するのか。『カナタ』が書かれる前から、問題の意見文も認めているように、多くのアメリカ先住民が相談を受けていた。問題は、意見を聴かれなかった者たちが気を悪くしたということだ。プロジェクトを大歓迎していた者たちも、論争を恐れて、もはや歓迎の意を表明しない。

誤解があったと思い、劇団の活動の仕方について一刻も早く説明しなくてはという気持ちに駆られたアリアーヌ・ムヌーシュキンは、飛行機に乗って署名者たちに会いに行った。署名者たちも、ケベック州先住民の他の代表たちも、彼女と話すことを承諾した。会合は間断なく、五時間続いた。中身の濃い対話だった。先住民は見えない存在であるという訴えに心を打たれたムヌーシュキンは、複数の提案をした。まず、先住民の演劇フェスティバルを太陽劇団で開催するという提案。それから、『カナタ』の第四幕を共同執筆するのはどうだろう、そして、フェスティバルでの上演の際には、幾人かの先住民が自らカルトゥーシュリ〔旧弾薬庫跡、太陽劇団の本拠地〕で演技してもよいだろう。善意の署名者たちは歓迎した。差し伸べられた手は十分魅力的だった。まさに彼らが望んでいたとおりのことだったから。

共同声明文を起草する方向へ話が進んでいたのに、その場に集っていた人びとのうちで最も特権的な立場にいる一握りの急進主義者たちが、ムヌーシュキンを「和平を買おうとしている」と非難した。より混血的で、会場内の残りの人びとを威圧するのに必要な文化資本を持ち合わせている彼らは、何だかんだと言って合意をぶち壊した。結局、発表されたのは共同声明ではなく、二つの別々の声明だった。ただし、再会は約束された。主だった審問官たちの意向に反して。

いったん外に出てからは、徹底戦闘論者たちはSNS上に戦線を展開し、対立を煽り、まだ修復可能であったものを二度と修復できないようにしてしまった。信じられないほど暴力的な言葉によって、対話を続けようとしていた人びとは怖気《おじけ》づかされた。この種の論争は善意を消耗させる。そして戯曲は消滅の危機に瀕した。

アメリカ人の共同製作者がプロジェクトから降りた。カナダのボイコットに脅かされ、ロベール・ルパージュの製作会社エクス・マキナは、もはや共同製作することができなくなってしまった。予算の半分がもはや出資されない。連日ひっ捕らえられ、本人の価値観とは反対におぞましい入植者のように語られ、演出家は力尽きた。彼はタオルを投げると発表した。アリアーヌ・ムヌーシュキンは、最初は彼の辞任を受け入れたが、思い直して拒否した。このような論争に屈したら、太陽劇団は最悪の前例を作ってしまう。勇気ある、しかし犠牲をともなう決断だった。カナダでは助成金も収益も得られず、この公演で三〇万ユーロの借金を背負った太陽劇団は、他の作品の上演を数カ月間延期して、なんとか耐え抜いた。[39]『カナタ』第一幕の公演は無事とり行われた。二〇一八年一二月にカルトゥーシュリで上演されたのだ。野心的性格は抑え気味だったが、赫々《かくかく》とした演出で、境界や障壁がなく、劇団の精神で固く結束したその公演は、すべての人に語りかけたいという願望に支えられていた。一握りの中傷者たちがやってきて、上演の終わりごろに怒鳴り声を上げた。満場の拍手のなかだったので、別にどうということはなかった。観客のうちにはケベックの人びともいて、うち数人は先住民であったが、この芝居を観るためだけに遠いカナダからやって来ていて、このような叙事詩が自分たちの生まれた土地では上演できないということに強いショックを受けていた。この芝居はその後イタ

39 「フェスティバル・ドートンヌ（一九七二年以来、毎秋開催されているパリの芸術祭）」が脅迫に屈せず、首尾一貫して支持したおかげであった。

リアとギリシアでも披露されたが、カナダでは未だに上演されていない。

　検閲を免れるためには、前代未聞の決断が必要だった。『テレラマ』〔フランスの文化関連週刊誌、一九四七年創刊〕掲載のインタビュー記事で、アリアーヌ・ムヌーシュキンはこの嘆かわしい出来事を振り返った。[40] ジャーナリストがまず質問したのは、「文化盗用」の罪を犯したという意識があったかどうかだった。ムヌーシュキンの回答は、若い世代に教示されるに値する。「その用語は私にとって何の意味も持っていません。（……）文化は誰の所有物でもない。（……）農民が、自分の畑に吹く風が、隣人が隣人の畑に蒔いた良質なあるいは有害なタネを、ちょうど霧雨のようにして自分の畑に運んでくることを阻止できないように、どこの国や地域の人びとも、世界中でいちばん孤立した島の民ですらも、自分たちの文化が決定的に純粋だと主張することはできません」。

　わずか一つのイメージでもって、この演劇人は物事の背景を見事に提示した。記事のもう少し先のほうで、彼女は、見出すべき均衡点を描き出している。「さまざまな文化、すべての文化は、私たち皆の諸文化なのであり、さまざまな源泉であり、そしてある意味では、それらすべてが神聖なものです。なので、その源泉の水を飲もうとするときには、敬意と感謝をもって、学ぶ姿勢で臨まなくてはいけない。しかし、それに近づくことを誰かが私たちに禁じるなどということは、受け容れられません。そんなことを許せば、私たちはオアシスから砂漠へと押し返されることになるのですから」。ただ酔っ払おうとして、騒々しく、リスペクトを欠く態度で、他者たちの源泉に立ち入ろうとするのではない。そうではなくて、同じ一つの湖を分かち合って、誰もが渇きを癒せるようにしようというのである。

いったい誰が、文化という湖から私たちを追い出せるというのか。ムヌーシュキンは次のように警告する。「検閲のいちばんの要因は恐怖です。レイシズムのかどで非難されるのはたいへん恐ろしいことで、私たちを非難する人びとはそれを知っているのです」。太陽劇団の創設者は、恐怖に駆られるようなやわな人間ではない。自らの確信の深さを十分によく知っているから、罪の意識を植え付けられることはないし、したがって、臆することがない。他の人びとはそのような強さを持っていない。アリアーヌ・ムヌーシュキンはそのことを知っていて、心配している。その心配のゆえに、彼女は審問官たちへの反抗を強め、倍加する。「こんなやり方で社会を引き裂いて、誰が得するというのでしょうか」。

40　Entretien réalisée par Joëlle Gayot, *Télérama*, 19 septembre 2018.

彼女と共に考えてみよう。社会を分断し、検閲するこの異端審問に、どんな意味があるのか。「こんな異端審問がどのようにして、共通善の意味とそれへの愛を私たちにふたたび与えてくれるというのでしょうか。なぜ一部のイデオローグたちは、若者たちの理想主義や寛容さ、連帯と思いやりへの渇望を悪用して彼らを騙そうとするのでしょうか」。

その答えは劇場にではなく、大学にある。すなわち、創造することを学ぶ代わりに、人びとを仲間内に引き入れることに専心する、アイデンティティ政治のイデオローグたちの居場所である。この度の論争が勃発してまもなく、マギル大学が「文化盗用」問題を論じるシンポジウムを催した[41]。明らかに、検閲官たち――戯曲に敵対する声明の共同執筆者のアレクサンドラ・ロランジュや、Le Collectif droit et diversité〔権利と多様性グループ〕〔オタワ大学の学生が組織している法律系団体〕共同創設者のサフィー・ディアロなど――を中心とするセミナーであった。

異説が述べられる場面はほとんどなかったけれども、マクシム・サン・ティレールという法律学の大学教授資格を持つ教員による異議申し立ては注目に値した。この教員は、そのシンポジウムで見聞きした態度、すなわち「理性放棄の犠牲者至上主義的態度」に文字通り愕然とし、「文化盗用」に対する非難の正当化としてこの日挙げられた理由の数々を書き留め、果てしなく長いリストを作成した。[42]そこに挙げられた理由のいくつかは、特にロベール・ルパージュの戯曲を標的にしていた。では、そのリストによれば、どういうことが「盗用である」と判断されているのだろうか。「『支配的文化』に所属するクリエイターが、一つあるいは複数の『被支配的文化』にインスパイアされた音楽・文学・演劇・視覚芸術・映画などの作品を、被支配的文化の『代表者』の許可を得ずに、もしくは『借用した文化のメンバー』に相談せずに創造すること」はもとより、「先住民、あるいは肌の色・性・ジェンダーにおけるマイノリティグループの一員の役を、外来の民族に属する俳優や、問題のマイノリティのメンバーに属さない俳優に与えること」も盗用と見なされている。これはとりもなおさず、キャスティングをＤＮＡ検査に基づいておこなうよう要求することにほかならない。

次の論点はさらにいっそう明瞭だ。これらの大学関係者は、「役者、演奏者、歌手あるいはアーティストの割り振りが人種的あるいは文化的観点からみて『代表的』で

41　二〇一八年一〇月二三日に Runnymede Society の招待による開催。
42　Maxime St-Hilaire, «La critique d'appropriation culturelle, cette invraisemblable victoire iconoclaste», https://blogueaquidedroit.wordpress.com, 30 octobre 2018.

ないような演劇、映画、音楽、パフォーマンスなどの作品の製作」を盗用的であると見なす。

いったいどのようにして、俳優の人種的「代表性」を判断するのだろうか。綿棒に排尿するよう要求するのか、それとも、アパルトヘイト時代の南アフリカの警察官たちがしていたように、髪の毛に櫛《くし》を差し込んでみるのだろうか。さしずめこうした詳細な点が、次回のセミナーでは議題になるのだろう。

映画も料理も〈DNA〉で評価する

アイデンティティ至上主義映画への流れ

映画は普遍性への強力なベクトルである。フィクションの登場人物を目の当たりにすることで、私たちは他者に自己投影することを、自分の人生とは別の人生を、時には「より偉大」で、より苛酷であったり、より大胆であったりする別の人生を生きることを覚え、自己発見の機会を得る。映画は、観る人の心をとらえたり、腹の底から感動させたり、肌をひりひりさせたり、精神をどこかに運んでいったりする。別の身体へと、別の人生へと、別のアイデンティティへと運んでくれるのだ。

私は、自分の願望に耳を傾けることを映画から学んだ。映画のプリズムが、自分が何者なのかを理解することを助けてくれた。リアルな世界には、私の周辺にそのような役割を果たしてくれるモデルは存在していなかった。カナダ映画 *When Night Is Falling*〔日本では『月の瞳』というタイトルで一九九六年公開〕が世に出たのは一九九五年だった。生まれて初めて、私は女性同士のラブストーリーを目の当たりにした。神学部の女性教師がサーカスで活躍する混血の女性ダンサーに恋をする。その発見が、ヒロインの人生を変える。彼女たちの性行為によって、私のそれも変えられた。

この映画のチケットを買うまでに、私は長いこと躊躇《ちゅうちょ》した。心臓をどきどきさせながら、上映開始時刻に遅れて映画館に到着した。もはや席が一つしか残っておらず、それは最前列の席だった。視線を逸らすことは不可能だった。このラブストーリーは私を正面から責め立て、私がそれまで自分のものとして認める勇気のなかった欲望に基づいて、人や動作を映し出していた。上映後、映画館の外に出たとき、私は危うく車に轢《ひ》かれそうになった。それほどまでに動転し、感動していた。この映画のおかげで、私は納得した。自分を欺くのをやめるべきときが来ていると。私は女性が好きで、ずっと前からそうだった。どんな代償を負っても、そのことを認めるべきときが来ていたのだ。

カミングアウトしてからの数年間、レズビアンの登場人物を前面に出す映画はすべてチェックしていた。その頃までは、私は自分を男性の登場人物と重ね合わせていた。特に、素敵な女の子とのラブシーンがあるときはそうだった。今でもそれは変わらない。それでもやはり、レズビアンであることを公表する女優が増えたこと、とりわけ自分のケースに近い登場人物が映画に増えたことはうれしい。映画監督としては、次の世代を担《にな》う人びとのために作品を作りたい。役にピッタリで、演技力のある女優であれば、異性愛の女優がレズビアンを演じることを禁じようなどとは絶対に思わない。それどころか、そういうことが起こるのは、私たちの闘いが前進し、戦線が押し拡げられた証拠なのだ。

私のカミングアウトの二〇年後、*La Vie d'Adèle*〔二〇一三年公開のフランス映画。日本では『アデル、ブルーは熱い色』というタイトルで二〇一四年公開〕が公開された。当時、私はかなり前からカップルで暮らしており、自分のアイデンティティを受容して落ち着いた日々を送っていた。この作品を観に映画館へ出かけることはしなかった。アブデラティフ・ケシシュ監督がすばらしい才能の持ち主であることに異論はまったくないが、彼の視線は男性的すぎる。それで私は映画館まで足を運ぶことに気乗りがしなかった。結局、その映画は自宅のテレビで観ることにした。燃え立つような、強力な作品だと感じた。監督が強く抱いている、そしてすべてのジェンダーが抱くことのある欲望を見事に伝えていた。セックスのシーンは嘘っぽいと思ったので、画面を見ないようにした。けれども、この映画を禁止したいなどという考えは毛頭浮かんで来ようがなかった。気に入らなければ、顔をそむけるか、自分で別の映画を製作すればいいのだから。それで私が実際に撮ったのが、映画 *Sœurs d'armes*〔二〇一九年公開のフランス映画。日本では『レッド・スネイク』というタイトルで二〇二一年公開。原タイトルには女性同士の「戦友」という意味がある〕だ。

私がこの作品で、ジハード主義者たちに復讐すべくクルド人の抵抗運動に参加した若いヤジディ教徒女性の足跡をたどったのは、私自身の政治参加ではなく、むしろそれに響き合う物語を語るという選択だった。男性的であると同時に女性的でもある登場人物たちの内部に、私は入り込んだ。ヤジディ教徒のヒロインの怒りも、ジハード主義者の倒錯性も理解できる。何年も前から過激主義者らのことを調べてきたのだから。映画のシナリオライターのいちばんの使命は、他者たちの人生を自分のものにすることだ。そのときフィクションの奇蹟が起きる。フィクションは私たちにあらゆる人の視点を引き受けることを、自分とは異なるものや存在を見ること、聞くことを強いる。ところが、境界線のないこの世界の中心部において、かの審問官たちは鉄条網の柵を立て、DNAを基準とするキャスティングを強要し、人びとを特定の役割に釘付けし、体現したり、表現したりする権利を監視のもとに置こうとする。創造する権利は、みんなのものであるべきだ。どんな卑劣漢にも、いっしょに仕事する仲間さえいれば、その権利を行使することが許されなければならない。

ロマン・ポランスキー監督の *J'accuse*〔『オフィサー・アンド・スパイ』。仏語版原タイトルは「われ、告発す」の意〕を、私は映画館で観たいとは思わなかった。プロモーション期間中に彼がアルフレド・ドレフュスに喩《たと》えられることには我慢がならなかった。レイプ罪で彼を告訴した女性たちの証言が積み上がっているときに、彼個人に称賛の辞を呈するのは問題が多すぎると思ったのだった。とはいえ私に、彼の作品の上映中止を求めて運動するところまで行く気はない。映画は、作品は、それぞれ固有の魂を内包している。それぞれが産み出すという行為の果実なのである。ときには、創造した人以上に値打ちがある。したがって諸作品には、それぞれそれ自体として評価される権利がある。今回話題になった『オフィサー・アンド・スパイ』には、反ユダヤ主義に反対するメッセージが盛り込まれていて、その点で鑑賞に値する。上映中止を要求した愚かな人たちがいるセーヌ＝サン＝ドニ県ではなおさらだ。

このケースでは、フェミニストたちの怒りが非合理的だったとはいえない。しかし、もっぱら監督のアイデンティティ、ジェンダー、性別、肌の色を理由に、審問官たちが製作を禁じようとする場合は話がまったく違ってくる。それがまさに、キャスリン・ビグロー監督〔一九五一年生まれ〕が『デトロイト』〔二〇一七年公開の米国映画〕を撮ろうとしたときに起こったことだ。

ハリウッドで成功する映画のうち、女性監督によるものは毎年わずか八％しかない。キャスリン・ビグローは、このガラスの天井を破った稀な映画監督の一人だ。彼女が撮るのは親密な雰囲気の映画ではない。彼女は荒々しさを引き受け、戦争のようなテーマも扱う。二〇〇九年公開の『ハート・ロッカー』〔日本公開は二〇一〇年〕や、ウサーマ・ビン・ラーディン〔サウジアラビア出身のイスラム過激派テロリスト、一九五七～二〇一一〕の追跡を語った二〇一二年の『ゼロ・ダーク・サーティ』〔日本公開は二〇一三年〕を製作した。一九六七年の「人種的」暴動のようにセンシブルなテーマを彼女が選ぶのは、警察による職務質問の末に殺害される恐れのある人びとにとってラッキーなことだ。このテーマは万人受けしない。とりわけ、ドナルド・トランプのアメリカにおいては――。勇気が必要となる。ビッグネームと素晴らしいキャスティングなしには、この映画の資金調達の成功は見込めない。おまけに、アフリカ系アメリカ人のグループから抗議の声が上がろうものなら、計画は必ずや座礁する。そうすると、他の映画監督たちも将来二の足を踏み、このテーマを扱わなくなるだろう。

このケースで、キャスリン・ビグローは必要と思われるあらゆる予防策をとった。アフリカ系アメリカ人の共同体に出自のある「エキスパート」たちを身辺に集めたのだ。そのエキスパートたちが選ばれたのは、何にもまして、当時のことをよく知っているという理由からだったと思いたい。今日では、「お墨付き」をもらおうとする傾向が強い。

映画界でも出版界でも、経歴やアイデンティティを裏付けとして良いセンシビリティを持っていると見なされる読者たち、「センシティビティ・リーダー」から、脚本や原稿について「オーケー」をもらうことがいまや一般的になっている。たとえば、サラという名のモロッコ人の校閲者がいる。彼女は、自らを「イスラム教、モロッコの政治と文化、レイシズム」、そして「レイプと心的外傷後シンドローム」のスペシャリストだと考えている。彼女のブログにそのように記されている。彼女のセンシビリティはオンラインで請求書の対象となる。もちろん、単なる助言に過ぎない。「私たちは助力を求めてくる作家たちのガイドになっているだけです。私たちの助言に従うかどうかは彼らの自由です」と、彼女は述べている。これは喜ばしい。「センシティブ・ビューロー」はまだ検閲事務所にはなっていない……。むしろ、「盗用」をめぐる論争が起きたときに消火器の役割を果たす。あたかも、公衆が自分で判断できるだけの大人になっていないかのように。

しばしば、映画監督や俳優のＤＮＡだけを根拠とする中傷キャンペーンが映画に先行して、その映画を観たことのない者たちによっておこなわれる。アフリカ系アメリカ人監督のうちで最も有名で、才能のあるスパイク・リー〔一九五七年生まれ〕ですら、シカゴにおける暴力を取り上げた映画を撮ったことで非難された。驚くなかれ、彼はニューヨークのブルックリン育ちなのに（！）というのだった。「ポリトビューロー」〔旧ソヴィエト連邦の政治局。ここでは比喩的に用いられている〕はもはや「人種」によって選別するだけでは満足せず、基準を住所や地区にまで拡張している。

活動家たちから見て十分に黒人的でなかったというだけの理由で、役を演じることをあきらめざるを得なかった男優・女優は数え切れない。米国人女優、ゾーイ・サルダナ〔一九七八年生まれ〕は、もう少しでニーナ・シモン〔アフリカ系アメリカ人のジャズ歌手、一九三三～二〇〇三〕の役を辞退するところだった。同じく米国の女優、スカーレット・ヨハンソン〔一九八四年生まれ〕は、ダンテ・ジルという名の一九七〇年代の女衒《ぜげん》で、トランスジェンダーだった人物を演じる予定だったが、降板させられた。ダンテ・ジルは死亡の直前まで性（セックス）を変えなかった人物なのに、活動家たちはジルの役がトランスセクシャルによって演じられることを要求したのだった。

こういった論争はときには、役をもらえなかった女優たちが声を上げることで発生する。次のケースでは、トレース・リセット（『トランスペアレント』〔コメディドラマ。二〇一四～一九年にアマゾンプライムビデオで配信。七〇歳の父親がトランスジェンダーであることをカミングアウトした家族の物語〕に出演している）とジェイミー・クレイトンが金切り声を上げた。この二人はトランスセクシャルの女優で、そのラベルに還元されることをひどく嫌っているのだが、競争相手が採用されることを批判するときにはそのラベルを前面に掲げる。「トランスの俳優は」とジェイミー・クレイトンはツイッターに書いた。「トランス役のオーディションの対象にすらならない。本当におかしな話だ。私たちは審査ルームに入ることすら許されていない。トランスに非トランスの役ばかり演じさせるすべての者に告ぐ。やれるものならやってみろ！」。またもや、脅しの形をとるキャスティング・オファーである。

自分に訴えてくるものがある役のキャスティングに自分を検討してもらいたいという女優の願望、これは理解できる。しかし、シスジェンダー女性の役をふだん演じているトランスの女優がその逆を拒否することを、どうして受け容れられるだろうか。二〇一五～一八年にネットフリックスで配信された『センス8』の中でトランスジェンダーを演じたジェイミー・クレイトンは、他の機会に幾人ものシスジェンダー女性の役を演じた。そのこと自体、素晴らしい成功だ。もしトランスセクシャルの役でしか起用されないとすれば、彼女は不満を言うだろう。自分にそれ以外の役を与えてみろとプロデューサーに挑戦するのなら、その主張は理にかなっている。だがなぜ突然、シスジェンダーの女性がトランス女性の役を演じるのを禁じようとするのか。

物事には両面があるので、コインの裏側も十分考慮する必要がある。トランスの役はトランスが演じるというこのルールを映画界に課すとしたら、マイノリティ出身の役者はマイノリティの登場人物しか演じることができなくなる。あらゆる種類の役を演じるということを諦めなければならない。出自にかかわらずさまざまな役を演じることこそが、つまり、よりいっそう多様な表象によって普遍性を豊かにすることこそが達成すべき目標なのに。どうやらこの目標は、アイデンティティに取り憑かれている人びとには意欲的に過ぎるようだ。

ＮＧＯの「トランスジェンダー・ヨーロッパ」〔欧州と中央アジアを基盤としたトランスジェンダー擁護団体、二〇〇五年設立〕のリーダーは、男性になることを望んだ女性の役をスカーレット・ヨハンソンに任せることを「トランスフォーブ」扱いするまでに至った。そのリーダーに言わせれば、そのようなキャスティングは、「トランス・パーソンとはただの男装者や女装者だというメッセージを公衆に送ることになる」。ここでは明らかに話が脱線している。スカーレット・ヨハンソンが演じるはずだった人物は、人生の終わりを迎える頃まで手術を受けなかった女性である。この役を演じるために女優がジェンダーを飛び越えることをなぜ拒否するのか。ハリウッドのビッグネームがトランス・パーソンを体現することを抑止することがなぜ、トランスフォビアを後退させることに役立つと思うのだろうか？　そんなことをしていれば、意欲的な映画がこれまでよりいっそう製作しにくくなるだろう。出資金が少なくなり、反響も下火になるだろう。

また別の論争が、これまた同じくらいに不当な論争なのだが、ベルギー映画『Ｇｉｒｌ／ガール』〔二〇一八年公開、日本公開は二〇一九年〕を襲った。監督のルーカス・ドン〔一九九一年生まれ〕は実話に着想を得て、彼の映画第一作である本作を何年もかけて製作した。彼は脚本を書く前に、自分の映画のヒロイン――バレリーナになることを夢見る男の子――の人生の奇蹟についてのドキュメンタリーを撮影した。この珠玉の映画作品は、トランスセクシャリティが今も禁じられている国の人びとをも含め、世界中の観客を感動させた。それを喜ぶかと思いきや、活動家たちは石を投げた。もっともそれは、活動家たちの一部分であり全員ではなかったけれども。映画はクィア・パルム〔二〇一〇年以来、カンヌ国際映画祭でＬＧＢＴＱのテーマを扱った映画の一つに授与されている賞〕を受賞した。しかし、幾人ものトランス活動家がこの映画を唾棄《だき》した。もちろん、そうする権利はある。インタビューを受けてこの物語が彼らに響くか響かないかを述べることは正統性がある。映画はそのために役立つ。けれども彼らの一部分はそれよりはるかに過激化して、その主題を扱う監督の権利まで否定してしまった。その監督が「シスジェンダー」だという理由で――。

ほかに、描かれた肖像があまりにも「被害者然」としていて、暗すぎると非難した人びともいた。一理ある意見だ。しかし、そのまま受け入れるわけにはいかない。なぜならこの問題の映画は、ノラ・モンスクールという名のトランス女性ダンサーの実話に基づいているからだ。すべてのトランス女性の軌跡ではなく、あくまで彼女個人の軌跡を物語っているのである。異性愛者やシスジェンダーについての映画で、その人物たちに固有の人生が語られるのと何ら異ならない。もしトランスセクシャルの人で自分自身の物語を跡づけたいのであれば、自分でカメラを回せばいいのであって、他人の映画に攻撃を浴びせるのは筋違いだろう。

役柄のうちには、登場人物と同じアイデンティティを属性として持つ役者に演じられることで、本物らしさが増すものも存在する。実際にトランスである女優のラバーン・コックス〔米国出身、二〇〇〇年より活動〕が、『オレンジ・イズ・ニュー・ブラック』〔ネットフリックス配信のドラマ〕でソフィア・バーセットを演じたケースがそれにあたる。あるいは、ピーター・ディンクレイジ〔米国の俳優、一九六九年生まれ〕が『ゲーム・オブ・スローンズ』で、策略家で魅力のある小人症の人物のティリオン・ラニスターを演じたケースを挙げてもよい。注目すべきは、これらがシリーズものだということである。シリーズものの世界では、登場人物を発展させる時間があり、プロジエクトの資金を調達するために初めから「ヒット間違いなしの」キャスティングにする必要がない。ソフィア・バーセット、ティリオン・ラニスターといった登場人物たちは、見事に演じられていることに加えて、奥行きがあり複合的である。ピーター・ディンクレイジは『ゲーム・オブ・スローンズ』で、ただ単に「小人」をやっているわけではない。視聴者が好んで自己同一化するような、きわめて賢く、きわめて理性的で、きわめて意外な登場人物になることに彼は成功した。まさに力技だ。そして模範でもある。ところが、信じられないかもしれないが、そのピーター・ディンクレイジも「文化盗用」を理由に非難されたのだ。

それはまったく信じがたい事件だった。シリーズの世界的なヒットのおかげで、この俳優は自分が夢見ていた映画を実現することができた。テレビ史において最も有名な小人症の俳優の一人である、エルヴェ・ヴィルシェーズ〔フランス出身の俳優、一九四三〜九三〕に捧げた伝記映画である。黒髪のマッシュルームカットに、白い衣装と蝶ネクタイで、いつも少々辛辣で皮肉屋っぽく、エルヴェ・ヴィルシェーズは『ファンタジー・アイランド』〔一九七七〜八四年に放送された米国のテレビドラマ〕シリーズにタトゥー役で出演し、ジェームズ・ボンドの映画でニック・ナックという名の人物を演じた。『007／黄金銃を持つ男』〔一九七四年公開〕では、大衆向け映画では珍しいことだが、小人症の俳優の演じる役がいわゆる「小人」ではなく、本格的な登場人物となっている。このあり方がピーター・ディンクレイジに影響を与え、その模範となった。ピーター・ディンクレイジとエルヴェ・ヴィルシェーズは友だちだった。ヴィルシェーズの死後、ディンクレイジは、ヴィルシェーズの人生を描く映画を撮って彼の役を演じたいと思った。それを財政的に実現することの困難さは容易に想像できる。加えて、文化盗用を非難されて出資金調達が脅かされる状況に直面したときの彼の驚きの表情も――。

　ネット民たちが、エルヴェ・ヴィルシェーズがフィリピン人だったと信じ込み、「ホワイトウォッシング」や「イエローフェイス」だと言って監督を非難したのである。実は、この俳優に関するウィキペディアのページの記載が間違っていたのだ。黒い髪色をしていたものの、彼は白人で、フランス人だった。ところが、彼の顔立ちから東洋系の細い目の人物だと思い込む者たちがいた。「小人フォビア」からそう遠くない現象だった。ピーター・ディンクレイジは、その連中を正面から痛罵《つうば》することにならぬよう、十分な礼儀正しさをもって対応する器量の持ち主だった。「あの人たちは、政治的・倫理的に正しい道にいて物事を前進させているつもりでいるが、それは外見だけにもとづいてヴィルシェーズの民族的ルーツを早合点し、推定し、前提にすることにほかならない」[43]。

この「炎上」に愕然とした彼は、友人エルヴェ・ヴィルシェーズの「民族的血統書」の詳細を提示しなければならなかった。「エルヴェはフィリピン人ではありませんでした。私は彼の兄弟や他の家族にも会ったことがあります。彼はドイツおよびイギリス系のフランス人でした」。ピーター・ディンクレイジ自身もマイノリティであることを競う「選手権」ではむしろ高位につけているわけだが、彼はやんわりと誹謗《ひぼう》者《しゃ》たちをうながして偏見を和らげさせた。前にも述べたとおり、アイデンティティ至上主義者たちは新しいタイプの反レイシストではなく、まさに新しいタイプのレイシストなのである。

彼らがばかげた論争を仕掛けるせいで、マイノリティに属する登場人物はもはやいっさい存在できなくなってしまうだろう。制作者たちがもはやこういった題材を扱う気にならないだろうから。ここで問題としているメンタリティがもっと早くから世の中に君臨していた場合、どれだけの数の傑作が失われていたか想像してほしい。フラ

43　Robert Moran, «"He wasn't Filipino": Game of Thrones star rubbishes "whitewashing" claims», *The Sydney Morning Herald*, 30 August 2018.

ンス人俳優のリシャール・ベリ〔一九五〇年生まれ〕は、*L'Union sacrée*〔一九八九年公開のフランス映画〕のアラブ人警官も、*Mayrig*〔一九九一年公開のフランス映画〕のアルメニア人もけっして演じることができなかったはずだ。アイルランド人とメキシコ人のハーフであるアンソニー・クイン〔一九一五〜二〇〇一〕も、『その男ゾルバ』〔一九六四年公開の映画、日本公開は六五年〕でギリシア人の主人公を演じることができなかっただろう！　さらにマーロン・ブランド〔一九二四〜二〇〇四〕は、フランス、ドイツ、オランダ、アイルランド、イギリスという彼の多様なルーツのおかげで広い範囲の役を引き寄せることができたが、一九七二年の映画『ゴッドファーザー』で主人公を演じるには十分にイタリア人的でない（！）と見なされただろう。

アイデンティティ至上主義者たちの論理を突き詰めれば、もはやロールプレイングの原則が許されないとさえいえる。もし自分自身と同じ属性アイデンティティの人物しか演じてはいけないのなら、トランスはトランスだけ、同性愛者は同性愛者だけ、異性愛者は異性愛者だけしか演じてはいけないのなら、障碍者は障碍者しか演じてはいけないのなら、いったいどのようにしてSF映画を作るのだろうか。『スタートレック』でアンドリア異星人を演じさせるために、青色の肌を持つ人間を見つけなければいけないのか？　それに第一、誰がゾンビを演じるのか？

オマージュか、略奪か？

現代において「盗用」扱いされる行為のうちには、もちろん、実際に問題な盗用行為も存在する。個人やグループや企業が著作権や特許を無視して、作品や創作物や発見などの「知的所有権」を奪う場合がそれである。こうした略奪は、略奪された側に損害賠償を受ける権利を発生させる。しかし、提訴する者は、自分がオリジナルを創ったのだということの証拠を提示しなければならない。「文化的」といわれるたぐいの「盗用」が問題である場合、この手続きがたいへん曖昧になり、たいへん危なっかしいものになる。「盗用」扱いが正当だといえるのは、略奪された芸術作品の展示で成り立っている美術館のケース、もしくは、支配的なグループが、ブランドならなおさらだが、支配されているグループの文化を象徴する要素をわがものにして、そこから商業的利益を引き出しているケースである。

製薬の大グループが伝統的な治療法をわがものにして、それを伝達し、永続化してきた人びとにわずかな取り分も戻すことがないケースは、思案のしどころとなる。こういった借用は、近年ますます「世界知的所有権機関」の指導の下に置かれるようになってきている。この機関の加盟国は、地域民や先住民の共同体からの依頼を受けて活動しており、その目的とするところは、「伝統的知識、遺伝的資源、伝統の文化的表現（民俗芸能）の保護を担う一つあるいは複数の国際的な法的手段を作り上げることにある」。公式文書は次のように述べている。「多数の見解によれば、伝統的知識、とりわけ神聖にして秘密の要素に関する知識の利用は、事情を周知した上で前もって確認される伝統的共同体の自由な同意に従属させられなければならない」。とはいえ、この公式文書はこう念押ししてもいる。「また別の見解では、伝統的共同体に伝統的文化への独占的監視権を与える場合について、イノベーションにブレーキがかかることと、公共領域が制限されること、また、その監視の具体的実施が困難であることが懸念される」と。

想像してみよう。伝統的な共同体が、たとえばアロエベラや、信じがたいほどリウマチに効くナミビアの植物「デビルズクロー」について、これらが神聖であり、自分たちの文化の一部分であり、自分たちに帰属するものだと宣言するのを――。この宣言を聞いたら、果たして文化の名における独占権を尊重し、これらの植物によって癒され得る他の人びとが苦しんでいても放置すべきだろうか。否、真の解決策は、有機農業や公正な商取引のために政治的・社会的に運動することだ。しかし、このような建設的な闘いに、アイデンティティを奉じる過激運動家たちはほとんど関心を示さない。そんな彼らの言うことを聞いていれば、人はついには、ディズニーのせいで地球が存亡の危機に瀕していると考えるようになるだろう。

私たちの想像界にあれほど大きなインパクトを有している米国のブランドに反抗するのが、メディア戦略的に有効であることは理解できる。もしディズニーに問題があるとすれば、それは、ディズニーが白雪姫の話ばかり語って、モーグリ〔英国の小説『ジャングルブック』の主人公〕の物語や、世界中の子供たちにそっくりの別の登場人物たちの話をしない場合だろう。だが、事実は違う。ディズニースタジオは実にさまざまな文化を価値づけることに留意し、世界中いたる所のおとぎ話にインスパイアされている。ところが、まさにそのことを、審問官たちは非難するのだ！　多様性に開かれているがゆえに、ディズニーは「文化盗用」をしたとして非難の雨を浴びている。それらの非難の大半はばかげている。全部とは言わないけれども。

たとえば、『モアナと伝説の海』のケースだ。この映画はポリネシアの伝説から着想を得ている。ディズニー映画がその伝説を、つまりはその文化を身近なものにすることは、まったくもって喜ばしい。厄介なことは、映画の派生商品が売り出されるときに始まる。伝説では、神マウイ〔ポリネシア神話の半神英雄。『モアナと伝説の海』にも登場する〕は腰巻きと首飾りしか身につけていない。彼の仮装として、ディズニーはタトゥーに覆われたコスチュームを用意した。その衣装に、ポリネシア人たちはショックを受けた。実際、ポリネシアの文化では、タトゥーは個人的な歴史を語るものと見なされている。規格化されたタトゥーには何の意味もない。フィジー、そしてトンガの島々出身の女性ジャーナリストが、その仮装はそれ自体としてひとつの侮辱になっていると述べた。「自分自身が身体的または精神的に結びついていない民族のしるしを身につけるのは、非常に無礼なことだと考えられる」[44]と。ある文化に「身体的または精神的に結びついて」いない限り、そのしるしを身につけてはいけないのだろうか。そうだとすればごく単純に、仮装する権利や、その延長線上にある演劇ないしロールプレイングの権利が失効することになる。もっとも、ディズニーの側に明らかな失敗があったことも確かだ。ポリネシア風と銘打つ衣装を売り出す前に、ディズニーはポリネシアの伝説をもっとよく調べ、ポリネシア文化におけると同様に、子供一人ひとりが自分で自分のタトゥーを入れられるようにするキットを販売すべきだった。まずいのは、他文化にインスパイアされることではない。そうではなく、文化を共有すると主張しながら、それをきちんと理解しないことである。

ディズニーに打撃を与えた論争は他にもあり、それはかなり正統な抗議に端を発していた。その論争の焦点は「ハクナ・マタタ」だった。この表現はスワヒリ語で、「心配ないさ」を意味し、映画『ライオン・キング』〔一九九四年公開のディズニー映画〕がキャッチフレーズの一つにした。明白なオマージュだ。映画の世界では、制作者は登場人物が台詞《セリフ》を言うときの言語を自由に選ぶ権利を有する。問題が発生したのは、ディズニーがこの表現をTシャツにプリントするために、商標登録することを決めたときである。台詞の枠内でならば、他者たちも用いる表現を自分のものとすることができる。しかし、その表現を自分たちが発明したかのように商標登録することは憚《はばか》られる。サハラ以南のアフリカで一億五千万人の話者が毎日使っている表現なのだから。アフリカの報道機関のジャーナリストたちはショックを受けた。[45] このリアクションは理解できる。スワヒリ語を話すアフリカ人の製造業者なら、ディズニーに使用料を支払わずに「ハクナ・マタタ」とプリントしたTシャツを販売しても問題ないだろう。

---

44 Arieta Tegeilolo Talanoa Tora Rika, «How did Disney get Moana so right and Maui so wrong?», *BBC News*, 21 September 2016.

45 Barthélemy Dont, «Disney accusé d'appropriation culturelle pour l'expression "Hakuna Matata"», *Slate*, 18 décembre 2018.

次のケースでは、ある女性ブロガーの怒りを共有するのはより難しい。彼女は、スペインのファッションブランドＺＡＲＡ（ザラ）が販売したズボンが、なんとなくサロンを想起させるデザインであることに怒っているのだ。サロンとは、多くのインドネシア人が着用する伝統的な筒形の紐ベルト付き腰布なのだが、彼女は自分の叔父さんがそのズボンを穿いていたため、「叔父のズボン」が盗用されたと主張した。しかし、そのズボンは本当に、ＺＡＲＡのものであるよりも、その叔父さんのものであるといえるだろうか。事は果たして略奪だろうか。たしかに、ブランドが販売したズボンは柔らかい素材で出来ていた。たしかに、ベルトの縛り方もなんとなく似ていたけれども、その生地には何の関連もなかった。生地の模様は、どう見てもインドネシア風というよりもスコットランド風だった。たとえば、ファスナーがヨーロッパに存在しているからといって、ファスナー付きのズボンをアジアで生産することをやめなければならないのだろうか。スペインブランドのズボンがインドネシアのサロンに比べて一〇倍高い価格で販売されているだけに、いっそうブロガーの怒りは膨れ上がるようだ。しかし、誰も彼女にそれを買えとは言っていない。私自身は、インドネシア産のサロンを購入している。それらが低賃金労働者の子供たちによって織られていないことを祈りながら。でも私の叔父はといえば、彼はサロンを穿いてはいなかった。

この異議申し立ては他のものから切り離されていて、グロテスクで、本格的な拡がりを持つことができなかった。

その一方でZARAは、発売したカラフルなダイヤ柄の靴下をほんの一日も待たずに取り下げてしまった。その図柄の着想のもととなったのは、南アフリカのコサ族――かのネルソン・マンデラを輩出した民族――であった。残念だ。素敵な靴下だったのに。毎回の売上利益につき一定の割合が、このコミュニティやこの文化を支援するのに使われるはずだった。しかし、この商品を非難したのはコサ族ではなかった。いまや、文化盗用に関する強制尋問の主たる検察官となっているメディア、AJ+〔カタールの公共メディア「アルジャジーラ・メディア・ネットワーク」の派生インターネット・メディア〕が音頭を取ったのだった。

アルジャジーラ・グループの中で最も新しいこの動画配信サイトは、「インクルーシブ」メディアを自称し、多文化主義を推奨している。しかし現実には、カタールの国家的プロパガンダの道具であり、配信する動画では躍起になって、西洋の最悪のレイシスト的側面を映し出す。カタールが世界中で支援し、財政的に支えている政治的イスラム主義のプロパガンダを助けるのにうってつけのメディアなのだ。というわけで、このメディアでは、カタール型の「インクルージョン」の実態、とりわけ、女性たちや移住労働者たちがどう扱われているかは、まったく問われない。さて、「文化盗用」非難の標的はたいていの場合、本当の権力者でも本当の悪人でもなく、さまざまな影響を混ぜ合わせるアーティストやクリエイターである。料理人ジェイミー・オリヴァーのケースもそれにあたる。彼のレシピは、師匠が得意としたイタリア料理からインスピレーションを受けたものが多く、イギリス料理をグレードアップした。彼がアレンジした千個のレシピのうち――それらは当然、従来使用されてきた素材がベースになっている――非難されたのは、従来はあまり商業化されていなかった料理「ジャークライス」である。

この料理名は、一七世紀のアフリカ人奴隷が試行錯誤的に見出し、作り出していたスパイスのミックスの呼び名に因《ちな》んでいる。そのスパイスはジャマイカでは国民的と言ってもよく、しばしば米ではなく鶏肉に使われている。烈しい異議申し立てが始まるのにこれ以上の条件は必要なかった。事実、ネット民の中から「許せない」という声が上がった。このレシピでは「ジャーク」のすべてのスパイスが含まれていると言えないじゃないか、というのだった。重大なことでなく、むしろ後学のためになるタイプのざわめきに過ぎなかった。事態を深刻化させたのは一人のイギリス労働党議員で、彼女はジェイミー・オリヴァーに撤回を迫った。明らかに黒人票の釣り上げを狙ったツイートで、その議員、ドーン・バトラー〔ジャマイカ人移民を両親とする英国人政治家、一九六九年生まれ〕は言い放った。「本物のジャマイカのジャークがどういうものであるのかを、あなたが知っていらっしゃるのかどうか疑問です。物を売るためにつけるただの名前じゃないのですよ。あなたのジャークライスは正しくない。ジャマイカの文化のこの盗用は終わらせなければなりません」。ジェイミー・オリヴァーは、彼女に対して、簡素で、かつ尊厳ある声明をもって応じた。謝罪することなしに、彼は「これまでのキャリア全体を通して、世界中の味とスパイスを研究してきた」と改めて述べた上で、自らのアプローチを簡潔に明示した。「このライスにこの名を与えたとき、私にあったのはただ単に、自分のインスピレーションがどこから来たのかを示す意図だけです」。

ジェイミー・オリヴァーがこのレシピをその由来に言及せずに使用したなら、略奪だと非難されただろう。ところが、別の環境への適応を考えてレシピをアレンジすると、人は彼がもともとのレシピを裏切っていると非難する。こうなると、しまいには次のように疑わずにいられなくなる。文化盗用を糾弾することに取り憑かれた人びとは、すべての人が自分の出自に応じた服を着て、髪をセットして、食事をする、単一文化主義的な世界を夢見ているのではないか、と。

大学で〈議論〉を封じる学生たち

犠牲者至上主義の競争

現代の集団的ヒステリーのかなりの部分の原因は、若い世代のきわめて過敏な皮膚感覚にある。それにもまして若者たちが、自分の存在を主張するためには嘆くのが一番だと教えられたことにある。名誉を重んじていたかつての社会は、好戦的な雄々しさに走ることも承知で、英雄主義を煽っていた。現代の社会は、犠牲者の地位を表彰台の一番上に定めている。そうしたのには、それなりの理由があった。力関係を逆にし、支配と被支配の関係をくつがえし、最も弱い立場の人びとを尊重するという目的があった。「犠牲者化」というオペレーションが支配者たちだけではなく、そのオペレーションに加わらない他者全般を黙らせる傾向を有し始めるとき、行き過ぎが始まる。

レイプ、ハラスメント、ジェノサイド、レイシズム、ホモフォビア、トランスフォビアの犠牲者たちには当然関心を持つべきであるし、彼らの話を聴き、その話から、私たちの間のつながりを砕くメカニズムに対抗するための教訓を引き出すべきである。

しかし、これと同次元では到底扱えないケースがある。日和見主義者たちが人びとの同情を利用し、不満を発信し続けるためのサロンを開催している場合だ。その種のサロンでは、人びとはあらゆることに、そしてどんなことにでも苛立ち、物事の分別を嫌って何もかも一緒くたにし、ただただ看板を維持し、メディアの中に存在することだけを目的に活動している。そしてたいてい、自分たちの競争相手を消すことに汲々としている。

　これこそが、犠牲者騒ぎの無視しがたい特徴の一つ、すなわち大々的な競争である。多くの審問官たちは、自分たちが犠牲者として座ることのできる椅子の数が限られていることを知っている。とりわけ米国のように競争率の高い国では尚更だ。彼らは、自分たちの願望を実現するためならば、いつでも他者を押しのける用意があり、「人種」や「性別」や「ジェンダー」のカードを切り札にする用意もある。この反射的行動はほとんど伝統的な手続きともいえるほどになっている。しかも、これを率先して促進しているのが大学社会なのだ。

　二名の社会学教授、ブラッドリー・キャンベルとジェイソン・マニングが、最近一冊の共著本を上梓し、構成メンバーの八八%が民主党支持者だとされる米国の大学キャンパスにおける「犠牲者至上主義的文化の高まり」を描写した[46]。彼らが提示した実例は恐ろしいものだった。オーバリン大学は、オハイオ州にある非常に左寄りのリベラル・アーツ・カレッジであり、まさしく典型例といえる。犠牲者たちや検閲官たちを生産する工場なのである。学生たちはありとあらゆる場所からレイシズムを狩り出すように教唆されていて、その場所は街中、キャンパス、さらに学生食堂にまで及ぶ。二〇一三年に、学内が騒然とした。ついにスキャンダルを摑《つか》んだぞと、学生たちは思った。それもそのはず、クー・クラックス・クランの格好でキャンパスに現れ、大学を挑発した人物がいたらしい！　しかしよく調べてみると、ひとりの女子学生が寒さのせいで白い毛布を体に巻きつけていただけだった。人種差別的で反ユダヤ主義的なメッセージがキャンパスの壁に見つかったことがあり、その頃から妄想が学内に拡がっていたのだった。その事件でも、実施された調査の結果は学生たちをがっかりさせた。憎々しげなメッセージは、自分たちの共同体に活《かつ》を入れようとした二名の左派学生による捏造だったのだ。その二年後、オーバリン大学の学生たちはようやく反抗に立ち上がり、彼らなりの「六八年五月」〔一九六八年五月にフランスのパリで学生と労働者

46　Bradley Campbell and Jason Manning, *The Rise of Victimhood Culture*, Palgrave Macmillan, 2018.

が担った一種「革命的な」社会運動〕を手に入れるための真の動機を見つけた。その動機をもたらしたのは、何のことはない、学生食堂のメニューだった。

ある日の日替わりメニューに、今日はベトナム料理が出ると明記してあった。ベトナム出身のある一年生の女子学生が、これを見て喜んでいたのだが、実際に出てきた料理を前にして至極がっかりしてしまった。出されたバインミーが、彼女の知っているレシピに忠実でなかったのだ。焼き豚とビネガーで和えた野菜を挟んだパリパリのバゲット〔フランスのパン〕の代わりに、彼女が齧《かじ》ったのはプルドポークとコールスローを詰めたチャバッタ〔イタリアのパン〕だった。概してアメリカの料理はおよそ繊細とは言えないから、これはよくあることで、彼女の失望は理解できる。けれども、そこから「文化盗用」のメディア・キャンペーンが始まってしまうとは！

学生食堂の主任はたちまちパニックに陥った。彼女は問題の料理をメニューから外し、学生たちに謝罪し、不安に駆られて学生たちが「不快感」を覚えたかどうかを知りたがった。地元の報道機関がこの話題に飛びついた。三面記事的事件を扱うやり方で、この「犯罪」について調査し、警告を発した。ベトナム人以外の者がレシピに変更を加え、それを「本物」の料理として提示した場合、その者は盗用者だということになる、と。世界各地をあれほど旅してきた料理に、あたかも「本物」のレシピが存在しているかのように。

ローラン・デュブルイユ〔フランスの文芸評論家・哲学者、一九七三年生まれ〕は、*La Dictature des identités*〔『アイデンティティの独裁』未訳〕という、特に大学にフォーカスした本の著者だ。彼によれば、バインミーという名称はフランス語の「パン・ド・ミー」〔食パン〕から来ている。バインミー自体が元々、ベトナム以外の文化に属するいくつかのレシピの模倣や「取り込み」から生まれたものなのだ。「本物」と判断されている材料がバインミーのレシピに加えられたのは、じつは植民地時代のことである。[47] 植民地化がもたらした料理への貢献を、ご大層に尊重するのが正しい態度だろうか。このような問いかけに含まれている鋭敏な感覚が、今の大学の討論の場で受け入れられる可能性は高くない。

数年前から、大学教員たちは、学生を「傷つける」あるいは「不安にさせる」と判断されかねないテーマを授業で取り上げるのを怖がるようになった。場合によっては、彼らは学生たちに事前通知までしなければならない。学生たちを混乱させるかもしれない、あるいは「マイクロアグレッション」を含んでいるかもしれない作品を扱う場

47　Laurent Dubreuil, *op. cit.*

合だ。一部の教員たちによって使われているこの「マイクロアグレッション」という表現が指し示しているのは、次のようなことだという。「言葉、態度、日常の環境を媒介とする卑劣な行為。該当するのは短くて陳腐な、意図的な、あるいは意図的でない表現であり、それらは、人種や性的指向やジェンダーに応じて排除や否定の感情を、また、特定の集団や個人に向けて宗教的性格の侮辱や侮蔑を伝達する」[48]。定義としては、最大限に意味を盛り込んでいる。これを提示したのはコロンビア大学のカウンセリング心理学の教授、デラルド・ウィン・スーで、彼はある個人的経験に起因するトラウマを抱えている。学食のメニューとは関係ないが、同じような内容の経験である。

以前、彼が同僚のアフリカ系アメリカ人女性とともに飛行機に乗り込んだとき、客室乗務員の女性が乗客たちに定員オーバーだと知らせにきた。客室乗務員は何名かの乗客に飛行機から降りることを求めた[49]。その際、デラルド・ウィン・スー教授らに声をかけた。大学教員の二人は、自分たちは出自のせいで選ばれたのだと確信した。客室乗務員の女性はそのことを断乎否定する。彼女は、他人の意図を勝手に推定して咎めるタイプの非難に啞然とした。とはいえ、自己を弁護する必要に迫られていた彼女にどんな抗弁が可能だっただろうか。何しろ、相手の二人の受けた印象が、彼らが日ごろから深く感じていることに基づいていて、その感情を彼女は共有できないのだから……。両名ともに名誉教授であり、したがってむしろ特権的な立場にあるにもかかわらず、「意図的に起こされた」不快なことと、「意図的に起こされたのではない」不快なことの区別を拒否した。つまり、日頃学生たちに教えているはずの、物事の複合性を拒否したのだった。

デラルド・ウィン・スーは、長期にわたってトラウマを引きずり、こめかみが激しく脈打つような勢いで内なる怒りを語り、学生たちにほんの些細な「マイクロアグレッション」でも指摘するよう促している。なんという模範であることか！　二名の大学教授が、地位の安定した、ある程度の年齢で、かなりの収入のある人びとが、そんな些細なことのために頭に血が上った状態になることを学生たちに教育したら、超過敏で、その上傷つきやすい世代が出現してもまったく不思議ではない。

「マイクロアグレッション」の網羅的なカタログはいまや、オーバリンはもちろんのこと、ハーバード、コロンビア、ブラウンといったアメリカの大学を支配している。そこには、たしかに耐え難い文言も見出せる。例の「どこから来たの？」という問い

48　Bradley Campbell and Jason Manning, *op. cit.*, p.3. に引用されている。

49　そんなことがあり得るのかと思えるかもしれないが、これはアメリカ合衆国ではよくあることだ。

かけがその一つだ。この問いかけは、白人以外の人びとに毎度繰り返し投げかけられている。しかしカタログは、そういうものとは別の、何の危険性もない些細な言葉や、あるいは十分に議論の余地のある意見のたぐいまでも、マイクロアグレッションと見なす。たとえば、「アメリカはメルティング・ポット」だと発言したり、「仕事は最も能力のある人にこそ与えられるべきだと思う」と言って、民族を基準にするアファーマティブ・アクションの原則を疑問視したりすることだ。こうして実際に、討議ができなくなっている。

学生たちと、学生たちのアイデンティティを傷つけないように、いまや教員たちは予めトリガー・ウォーニングを、つまり「お知らせ」を出さなければならない。感じやすい学生たちが不快な思いをする前に、教室から退出できるようにするためだ。バイオレンス映画やポルノ映画がテレビで放送されるときの、子供向けの警告に少し似ている。ところが、ここで注目している「お知らせ」は、成人に向けて、大学の授業に関して発せられるものであり、その対象も、古典作品の『アンティゴネー』（古代ギリシア悲劇、ソポクレース作）やフィッツジェラルドの『グレート・ギャツビー』なのだ！　後者は、自殺を扱い、明示的な性的暴行の場面を含む小説である。

一部の学生たちは、特定の作品群を通して「昔から人間に潜んでいる危うい傾向を再び体験する」ことをひどく恐れているという。しかし、想像の世界でそのような体験をすることこそが文学の存在理由ではないのか。強く感じるという体験なしに教養を身につけて何の意味があるのか。多くの学生団体が、ある決定を下した。デリケートな内容が授業で扱われる場合の「出席しない権利」を要求したのだ。信じがたいかもしれないが、これが事実だ。授業に学生たちを困惑させる可能性のある内容が含まれている場合、教授たちは彼らに「お知らせ」を提示しなければならない。そしてなんと、学生たちは予め、潜在的に心理的動揺を与えかねない講義への出席を回避する権利を確保する。これが、いくつもの名だたる大学の学生たちによって表明された明確な要求なのである。

二〇一四年、この流行が始まった年に、カリフォルニア大学サンタバーバラ校がこの「お知らせ」を徹底しようとした。「学生が授業の途中で退出するのではなく、出席するか否かを予め選択できるようにする」というのがその趣旨だった。一年後、この提案がコロンビア大学の学生たちによって再度持ち出された。彼らは、Our identities matter in Core classrooms というタイトルの宣言文に署名した[50]。「われわれのさまざまなアイデンティティは共通の幹〔一般教養〕の授業において重要である」というのだった。かの有名なブラック・ライヴズ・マター運動の表現を応用しているわけだ。警察による人種差別的暴力を免れるためではなく、文学によって引き起こされるアイデンティティの動揺を避けるために。

コロンビア大学の学生たちがずばり要求しているのは、「共通の幹」と称される一般教養科目群から、ヨーロッパ中心主義的だとか、暴力的すぎるとか判断される、いくつかの作品を除去することだ。彼らはある女子学生の例を引き合いに出している。その学生は性的暴行に遭った経験があるために、オヴィディウスの『変身物語』を取り上げた授業から大きなショックを受けたという。彼女はトラウマをフラッシュバックしたことに加えて、「言語の美しさと比喩の素晴らしさに自らの注意を集中した」教授の距離感からショックを受けたそうだ。彼女の苦しみの代弁者によれば、彼女は「教室にいながら安心していられなかった」。こうしたことは彼女を犠牲者の立場に還元する。暴力的かつ西洋的というので二重に評判を傷つけられた『変身物語』の詩の検閲を正当化するようでもある。「規範とされる西洋古典の多くがそうであるように」と宣言文は続けている。「この作品を構成する内容は、教室にいる学生たちのアイデンティティを侮辱し、動揺させ、周縁に追いやる」と。

わずか数行の文によって、文学の偉大な諸作品がそれぞれの著者の肌の色によって「人種化」され、「規範とされる西洋古典」という名のもとに一緒くたに、暴力的で人種差別的なものとして戯画化されている。この宣言文がさも当然のように提示している結論は、レイプされた女性や有色人種や貧乏人はこれらの作品を学び得ないということだ。「排除の歴史や物語に密接に結びついているこのテクスト群は、悲惨な出来事を生き延びた人や、有色人種や、『あまり高くない』社会職能的階層に出自をもつ学生たちにとって、読んだり話し合ったりするのが難しい可能性がある」[51]と。ここで注目すべきことの一つは、この宣言文が、「あまり高くない」社会職能的階層に出自をもつ「かわいそう」な学生たちに対してパターナリストな態度をとっていることだ。その学生たちの能力を見くびっていて、護られるべき犠牲者というエキゾティックなステータスを彼らに与えているだけだ。これほどまでに閉じた学生たちの精神の窓を開かなければならない教員たちには、同情を禁じ得ない。

左派のこうした犠牲者至上主義的活動によって、結果的には、非寛容な外国人フォビア（外国人嫌い）の最上の願いが叶えられた。しっぺ返しが早々に起こったのだ。

50 Kai Johnson and al. «Our identities matter in Core classrooms», *Columbia Spectator*, 30 April 2015.

51 呆れてものも言えないような内容のこの宣言文は、ローラン・デュブルイユの前掲書八八〜八九頁に引用されている。

オヴィディウスの『変身物語』に続いて、ほんの少しでもオリジナリティのある、ありとあらゆる「創作物」を標的にして、学生たちが検閲を要求した。デューク大学で、あるキリスト教徒の学生が「感情を傷つけられた」と訴えたのは、アリソン・ベクダル〔米国の漫画家、一九六〇年生まれ〕の漫画、『ファン・ホーム――ある家族の悲喜劇』〔椎名ゆかり訳、小学館集英社プロダクション刊、二〇一一年〕の内容についてだった。この漫画は女性カップルの生活を語っていて、女性たちが性交する絵を含んでいる。[52] このように、一部の極左主義者たちが西洋の作品を学ぶことで感情を傷つけられると言うのなら、まして各宗教の原理主義者たちならば当然、自由主義的な作品を学ぶということ自体に感情を傷つけられると言うにちがいない。

左翼のアイデンティティ至上主義者たちが発する命令は、最終的に必ずアイデンティティ至上主義的な右翼を有利にする。デューク大学の学生は、自分の宗教的アイデンティティと福音書を持ち出すだけで検閲を正当化できた。彼が議論に持ち出しているリファレンスの珍妙さは、コロンビア大学の声明文と同レベルだ。キリスト教徒の彼を、あるイスラム教徒の学生が支援すると言い出した。その学生もまた、その自由主義的文学のせいで自分の宗教的アイデンティティが薄められることに不安を覚えていると表明した。「大勢の人が、自分たちのアイデンティティをあっさりとごみ箱に捨てるのを僕は目撃してきました。ライシテ（世俗性、政教分離）の名において、精神の開放性、また、社会的自由主義の名においてです」。

フランスでも、同じような連携の動きが見られた。政府がジェンダーのステレオタイプの解体をめざした実験的なカリキュラムを組んだことに対し、一部のキリスト教徒家族とイスラム教徒家族が示し合わせて、自分たちの子供たちをその授業には参加させないようにせよと学校に要求した。しかもそれは、子供たちが「ジェンダー理論」に晒されるのを避けるためだった！　こういうところへ、アイデンティティ政治は行き着く。つまり、反レイシストたちを文化のタリバンたちに変えてしまう。アイデンティティ至上主義の左派の若者たちはまだ銅像に向かって銃を撃ってはいないが、銅像を見えなくしろとは要求している。ニューヨーク州内のホフストラ大学では、一部の学生たちが「ジェファーソンは去るべきだ」という叫びとともに、小道にあるトーマス・ジェファーソン像の撤去を求めるデモをおこなった。独立宣言の起草者の一人であるこの人物のおかげで、学生たちは多くの自由を享受しているというのに、な

52　Brian Grasso, «I'm a Duke freshman. Here's why I refused to read "Fun Home"», *The Washington Post*, 25 August 2015.

ぜ彼を攻撃するのだろうか。彼らは、勝ち取るために自らは闘う必要のなかったこの自由を、ジェファーソンがかつて奴隷の所有者であったからという理由で死後の彼を非難することに用いている。けれども、当時の南部の人びとで彼のような地位の者は皆、奴隷を所有していたのだ。

物事を文脈から切り離してしまうSNSという世界で日々を過ごし、大学でも批判精神を涵養《かんよう》されていないせいで、この若者たちは時代錯誤の不公正に陥っている。彼らの行き過ぎた行動は、ドナルド・トランプ支持の有権者たちを喜ばせる。ある保守主義の若者は、ジェファーソン像を護るために撤去に反対する嘆願書作成のイニシアティブをとり、FOXニュース〔米国のニュース専門放送局〕のスタジオに現れて、故人の名誉と表現の自由の英雄であるかのように振る舞うことができた[53]。このようにして、アイデンティティ至上主義の左派はアイデンティティ至上主義の右派を勝たせてしまう。発言する自由や創造する自由に至るまで、ありとあらゆる自由を攻撃するあまりに――。

最も原理主義的な右翼ですら、この新しい検閲官たちとはもはや張り合えない。ウェルズリー大学で三〇〇人の学生たちが署名した嘆願書は、キャンパスに設置された下着姿の男性の像を撤去しろと要求している。彼らによれば、この像は性的暴行の被害を受けた一部の学生たちに「ストレスを感じさせる」恐れがあるというのだ[54]!

恐怖に取り憑かれた大学

学生たちは、作品の検閲や銅像の解体を求めるだけでなく、セーフスペースを要求することもある。セーフスペースとは仲間同士で寄り合う場所であり、彼らはそこに集まることで周囲の攻撃性、他者性、さらには世界の複合性から立ち直ろうというのである。ところが、ローラン・デュブルイユが書いているように、セーフスペース(safe space)はいまや「セームスペース(same space)」になってしまった。つまり、同じ属性アイデンティティの学生たちが集まり、時には祈禱もおこなうようなコミュニティごとの施設になってしまった。

53 Lukas Mikelionis, «Thomas Jefferson statue must go, some Hofstra University students say», *Fox News*, 30 March 2019.

54 Sarah Mahmood, «Why Wellesley Should Remove Lifelike Statue of a Man in His Underwear», *HuffPost*, 6 Feb. 2014.

犠牲者競争的イデオロギーの要素にはよくあることだが、セーフスペースという概念は精神分析療法に由来していて、あらゆる暴力から護られる仮想空間を意味する。簡易のパニック・ルーム（panic room）である。従来、このコンセプトが示していたのは、殴られた女性や、娼婦や、麻薬依存症患者など、精神的に傷つきやすくなっている人びとを迎え入れるスペースだった。以来、セーフスペースを確保するというやり方が大学キャンパスに拡がった。大学は特権に恵まれた場所であるはずなのに！

ある学生が精神的にくつろげる場所を作っていきたいと願うとして、誰がそれに反対するだろうか。自分にとって馴染みやすい人と友達になるのは、人間にとってごく自然なことだ。しかし、だからといってなぜ大学に、人びとがアイデンティティごとにグループを組む物理的な場所を要求するのか。そんな場所が何に役立つかといえば、ちょっとした文学的議論やちょっとした討論会から逃げて、自分の信条やアイデンティティが傷つけられる可能性を排除するのに役立つのである。つまり、大学にそんな場所を作るのは、意見を突き合わせること自体を攻撃であるかのように捉えさせる一つのやり方なのだ。このような過敏さを後押しすることが本当に知の殿堂の果たすべき役目だろうか。ごく端的に言って、これはトーマス・ジェファーソンの思い描いた大学の死にほかならない。その大学とは「人間精神の限界なき自由」の聖域であって、そこでは、「真実の導く先がどこであろうと、あくまで真実に従うことを恐れて」はならないのだ。この夢が消えかかっている。顧客と化した学生たちが、思考の神殿を恐怖の神殿に変えてしまった。

彼らが大学で学ぶためにどれほどの金額――年に六万ドルかそれ以上――を支払っているかを思えば、むしろその金で自宅にパニック・ルームを作り、厳重にロックをしてそこに閉じ籠もるほうがよいだろうに。これがまさしくアメリカの大学の問題点である。学費があまりにも高いので、学生たちが横暴な客のようにふるまうのだ。彼らは金銭面で恨めしい思いをしているから、自分たちの確信を揺るがされる必要も、感情的な居心地のよさから脱出する必要も課せられずに、卒業証書を獲得させろと要求する。そうして彼らは、知の場を、思考をつまみ食いする観光客たちのための遊園地へと変容させてしまった。アメリカの大学キャンパスは素晴らしいし、庭園も手入れが行き届いているが、そこで主として学ぶことといえば、スポーツをすることや、「同類」同士で仲良くすることであって、異なる者同士で混ざり合ったり、自分とはまったく別の視点に直面したりできる市民になることではない。かくして続々と輩出されてくることが約束されているのが、ナルシシストでノイローゼの世代であって、その世代がSNS上で他者たちに対する怒りを倍増させることになる。

元ニューヨーク市長のマイケル・ブルームバーグ〔一九四二年生まれ〕がこのような犠牲者至上主義的文化、すなわち「マイクロアグレッション」やセーフスペースを語る文化に対して批判的な姿勢を見せたのは、彼がミシガン大学で講演したときのことだ。そうした文化に浸る学生たちを相手に彼は、諸君は幻想を作り出している、「別の視点を持っている人びとから自分を隔離することができるという間違った印象[55]」を作り出している、と叱責した。それはまた、進歩主義的イスラム教徒であり、ハワイ大学で教鞭をとっている神学者のイルシャド・マンジ〔一九六八年生まれ〕の所見でもある。彼女は一部の学生たちの過敏なまでの傷つきやすさに危機感を覚え、次のように二重の教育改革を提唱している。「今日、ますます多くの学校が若者たちに他人の気分を害さないためにどうすればよいかを教えているが、それと同時に新しい世代に教えるべきは、そう簡単に気分を害さないでいるためにどうすればいいのかということである[56]」。

まさにイルシャド・マンジと同じような気持ちで、私は二〇一六年に、『シャルリ・エブド』とライシテ〔世俗性、政教分離〕に関する一連の講演をデューク大学とホリンズ大学でおこなうことを承諾した。ちょうどドナルド・トランプが大統領に選出された直後で、大学の所在地は奴隷制と人種的隔離がかつて盛んだったノースカロライナ州とバージニア州だった。私は地雷原に来たのも同然だった。けれども、トランプ当選のショックや、左派の破綻がトランプの追い風になった事実には、方向性を見失った学生たちの自己批判の始まりを期待させるものがあった。私は何についてでも討議する用意があった。念のため言っておくと、招待してくれた教授たちはアメリカ人ではなく、ヨーロッパ人だった。その教授たちは、学生たちに嫌われて解雇されるという可能性に恐怖し、それでもなお、外部の発言者に頼って、タブーになってしまったいくつかのテーマを取り上げようと試みていた。その折のアメリカ滞在は刺激的で、私の懸念を裏付けると同時に、好奇心旺盛な若い世代の内に、大勢に対する批判的反発が起こる可能性をうかがわせてくれた。

デューク大学は牧歌的なキャンパスで、そこには限りなく広がる庭園と大聖堂がある。私の出会った学生たちは非常に感じが良かった。しかし彼らは極度の罪悪感を覚

55 Cité par Bradford Richardson, «Michael Bloomberg booed at University of Michigan for ripping into "safe spaces"», *The Washington Times*, 2 May 2016.

56 Jason Duaine Hahn, «Schools "Need" to Teach Kids "How Not to Be Offended" in 2019, Educator Pleads», *People*, 4 April 2019.

えていて、それは彼らが学んでいる大学を創った男が、教育に関してはむしろ時代に先んじていたものの、奴隷制を否定しなかったからだという。この白人の学生たちは私を地下納骨堂へ案内した際、彼らから、そして彼らの肌の色から予想できる通りの軽蔑のすべてを態度に表して、大学創設者の墓にほとんど唾を吐きかけんばかりだった。

大学に今なお痕跡を残しているある事件が、キャンパスを支配する神経過敏な雰囲気を強く示唆していた。一九九七年に、黒人の人形が木の枝に鼻から吊られているのが見つかった。その人形が発見されたのは、ちょうど黒人学生たちの団体がデモをおこなう予定の場所であった。そのときの人びとの興奮は想像するに難くない。誰もが動転したはずだ。ところがその後、オーバリン大学のケースと同様に、これが人種差別的挑発ではないということが判明する。実は反レイシズムの側が仕掛けたハプニング、だった。二名の黒人学生が、その人形を吊るして人びとにアピールしようとしたのだ。それでも、キャンパスの雰囲気は緩まず、綱のようにぴんと張ったままであった。内密に、会話に応じてくれたアメリカ人の教員たちが私に打ち明けたのは、ほんの少しでも失敗することの恐怖や、「マイクロアグレッション」とセーフスペースの流行を目の当たりにする彼らの驚愕であった。そういったテーマを自分たちが扱うわけにいかないので、彼らは私が教室で論議することに期待をかけていた。

ホリンズ大学は女子大だが、ここで私が発見したのは、男女共学でないことによって女子学生たちが、ボス的にふるまう男子学生たちと張り合う負担からどれほど解放されるかということだった。しかし私はそれと同時に、自然界に真空なしというだけあって、敵対性のないところには常に新しい敵対性が作られるということをも痛感した。折しも、犠牲者競争が学生たちの間で最高潮に達していた。大半の学生はドナルド・トランプに反対するウィメンズ・マーチに参加していた。すべてが彼女たちを互いに打ち解けさせるはずだった。ところが、私はそのことに非常に驚いたのだが、彼女たちの間には互いに警戒する雰囲気が充満していた。

学生食堂の様子は、ドラマ『オレンジ・イズ・ニュー・ブラック』に出てくる刑務所の食堂にそっくりだった。レズビアンはレズビアン同士、トランスはトランス同士、黒人は黒人同士で食事していた。黒人学生たちがこっそり打ち明けてくれた。自分たちは同性愛の問題についてコメントする勇気がない、と。白人学生たちは、自分たちを鞭打つ内容でない限り、レイシズムに関わる発言はしないようにしていた。レズビアンたちは、これは私が内密に聞き取って知ったことだが、トランスジェンダーたちを怒らせたらどうしようという恐怖とともに日々を送っていた。そのうちの一人は、あるトランス学生の要望によって共同寝室から追い出されたそうだ。彼女がその学生に、手術をするには一〇歳は早すぎるように思える、という踏み込んだ発言をしたからだったという。その年齢ではまだ同性愛者かトランスかは分からない、とも言ったそうだ。トランスセクシャルの学生は、彼女の指摘で「不安感を与えられた」と訴えた。そしてその学生は彼女を移動させることに成功し、討議相手となるレズビアンのいない、セーフな共同寝室に残ることができたのだ。

いくつかの打ち明け話を聞くうちに見えてきた光景に、私は啞然とした。唯一の慰めは、それぞれに「ここだけの話」として聞いたところでは、教員たちも学生たちも揃ってこの状況を理不尽に感じているという事実だった。ところが、大学キャンパスの審問官たちからリンチにかけられることを恐れて、彼らは思っていることをはっきり口に出せないでいたわけだ。

私の最初の講義のとき、大教室に人びとがぎっしり詰めかけた。学生たちだけでなく、小さな隣町の住民たちも、『シャルリ・エブド』紙を襲ったテロで殺された同胞たちの同僚だというこのフランス人に興味を惹かれてやって来た。共感することにかけては、アメリカ人たちはけっしてけち臭くない。表情が硬くなったのは、いよいよ討論に入るというときだった。

皆さんをきっと「傷つける」ことになると予告した上で、私は遠慮なく自由に話し始めた。宗教を冒瀆する権利、フェミニズム、そしてライシテ（世俗性、政教分離）について、まさしく『シャルリ・エブド』的左翼がそれらを擁護する論法を展開した。レズビアンの白人フェミニストたちから、つまり、アイデンティティ至上主義者の流儀でいえば自分と同じグループに属する人びとからは確かな手応えが得られた。けれども、私はとことん普遍主義者なので、その他の人びとを説得しようと夢見ていた。そこで、障壁が立ちはだかった。公立学校における宗教的しるしをめぐる法律に関して、私がフランスとアメリカの間にある誤解を解こうとしていたとき、突如その壁が立ちはだかった。その壁は具体的には、深く傷ついた様子の女子学生の姿をしていた。教室の奥にいた彼女は、挙手して私を叱責した。「あなたがヴェールについて話すのはおかしい。ヴェールはイスラム文化の象徴で、あなたは白人のフェミニストでしょ」。やはり来たと、私は心の中でつぶやいた。

私はこの対話者に、フランス人の普遍主義的フェミニストとしての私を「傷つける」ことすべてを、かくも簡潔に、わずか一文で言い表してくれてありがとうと言った。自分が異国の文化の持ち主だということを前面に出して、まずは緊迫感を解こうとした。このまま話していくと皆さんを引き続き「傷つける」ことになるのですがと、幾度も繰り返して断ることでいくつかの微笑みをはがし取り、そして本題に入っていった。私が思うには、さまざまな文化の尊重は、まずそれらを知ることから始まりますと説明した。その際、全部を混ぜこぜにしてはいけない。たとえば、ヴェールはイスラム文化の象徴ではありません。実際、ヴェールを着用しないイスラム教徒の人たちも大勢います。アルジェリア人女性たちは、ヴェールを着用しない権利を求めて闘いました。イラン人女性たちは、最終的に収監されたり懲罰を受けたりする危険を冒して、今もなお闘っています。ヴェールをすべてのイスラム教徒女性たちの象徴にしたがる人びとは、論理的には、イスラム原理主義者たちを支援していることになります。その原理主義者たちの横に並べば、今の副大統領のマイク・ペンスさんだって危険な左翼と見なされるのですが。外国事情的な話ではなく、より政治的な話を持ち込んだことで、議論の展望に変化が生まれた。

アメリカ左派ではなく、イスラム世界から見ると、進歩主義者たちと反動主義者たちの間にヴェールに関する死闘が存在する。ヴェールをイスラム文化すべての象徴として本質化するのは、争いの激しさを否定し、その当事者たちを子供扱いするに等しい。キリスト教におけると同様、イスラム教には多かれ少なかれ原理主義的な解釈が存在する。ヴェールを「イスラム文化の象徴」として支持することで、結果としてあの極左の女子学生は、原理主義者たちと連帯することを選び、イスラム教徒女性たちのフェミニスト的なアプローチに反対してしまっている。そのアプローチをするイスラム教徒女性たちを、彼女はイスラム文化から追い出しているわけだ。

彼女はいったい何を根拠にしているのだろうか。誰に発言する権利があるかを決めようとする彼女はいったい何者なのか。女性の権利に関するこれほど政治的なテーマを語る権利は皆にあるはずだ。さもなければ、アンチ・フェミニストたちが勝利したも同然だ。これが私のおこなった証明だった。学生たちが息をするのを感じた。大教室の天井が高くなったような気がした。酸素が循環していた。

翌日は演習授業で、学生全員を着席させるために、椅子を他の教室に探しに行かなければならなかった。この授業を履修していない学生の内にも聴講希望者がいたのだ。授業の冒頭、私はふたたび、皆さんを「傷つけ」ますよと予告した。学生たちは笑顔を見せた。だんだん慣れてきていた。一人として席を立つ者はいなかった。それは、宗教をテーマとする授業ではかなり珍しいことだった。この授業の担当教授はなかなかの人物で、ゲスト講師の私が学生たちを揺さぶるのに耳を傾けながら微笑んでいた。私は新しいルールを打ち立てた。誰かを「傷つける」恐れがあるとしても、皆があらゆることについて話さなければならない、というルールだ。いわば、言ってはいけないとされる意見も言えるセーフルームを設置したわけだ。するとようやく、学生たちが互いに討論し始めた。遠慮がちに、震えながらだったが、結果はうまくいった。硬くなっていた体もほぐれていった。口の縫い糸がほどけていった。学友たちを恐がってはいたものの、考えていることをふたたび口に出すようになり始めていた。それも、喜びをもって。他の学生たちが作り出した恐怖を取り除くだけでよかったのだ。この世代特有の好奇心、また、討論への渇望は、おのずから外へ溢れ出る。とはいえ、専制君主たちがキャンパスを仕切るようなことをさせてはうまくいかない。また、ひるまないで頑張っている教授たちを支援する必要もある。

帰り際、ある男性教員が目に涙を浮かべて、礼を言いに来た。私が扱ったテーマには、彼は何年も前から、あえて触れることができないでいたのだと言った。理由を聞いてみると、職を失うのが恐かったと答えてくれた。そういう失職がかなり頻繁に起きていたのだ。

イェール大学では二〇一五年に、二名の教員がポストを失った。その理由は、人を「傷つける」タイプのハロウィン衣装の選択を規制しようとする大学の方針に、彼らが一石を投じるメールをしたからである。彼らは、むしろ学生を信用して、衣装の選択については話し合えばよいと主張していた。彼らの送ったメールはリークされた。学生たちは合意し、二名の教員を大学から追い出したのだ。[57]

エバーグリーンの悪夢

最も途方もない事件は、フィリップ・ロス〔米国の小説家、一九三三～二〇一八〕が書いた小説『ヒューマン・ステイン』[58]のいちばん不安をかき立てるページを想起させる。その舞台は、二〇一七年のエバーグリーン州立大学である。ワシントン州の州都オリンピアでリベラルアーツ全般を教えている、非常に「リベラル」な大学だ。近年、この大学はあまりにもセクト主義的な政治的傾向を見せていて、これにはリベラル陣営のメディアまでもが憂慮していた。一方で、保守陣営のメディアは得々として、その大学の学生たちの撮影した多数の動画をループ再生した。それほどに、それらの動画は北朝鮮の大学や、大学というものを乗っ取るに至ったカルト集団の産物のように感

57 Bradley Campbell and Jason Manning, *op. cit.*, p.18 and 38.
58 二〇〇〇年にアメリカで発刊された『ヒューマン・ステイン』は、ある教員が教室で「ゾンビ」という言葉を発したばかりに、レイシズムだと不当に非難されて失墜するという話だ。

じられる代物だったのだ。

このときの論争の原因は、ある教授とその学生たちとの対立で、「欠席の日」に関連していた。「欠席の日」とは、「有色人種」の学生全員が、一年に一回、キャンパスに来ない日である。これはエバーグリーン州立大学で数年前から始まっていた慣例であり、その目的は、「有色人種」がいないと社会から何がなくなってしまうかを示すことにあった。生物学の教授、ブレット・ワインスタインが「欠席の日」を軽んじたことは一度もなかった。進歩主義者、公民権運動家、ユダヤ人、そして左派の絶対自由主義者である彼は、つねにレイシズムに反対してきた。以前着任していた大学で、同僚たちの間でのセクシャルハラスメントに直面した折には、彼以外の教授たちがそれを問題視していないなか、一人立ち上がって告発したこともある。また彼は、教員としてもいい加減なタイプではまったくなく、精確性と論理性の価値を信じていたところが、この二つの徳が学生たちから非難されることになるのだ。

わずか数日で、彼は大学キャンパスの嫌われ者となった。何が彼の罪だったのか。欠席の日に関する新しい規定への懸念を、申し分なく礼儀正しい電子メールで表明したことが咎められたのだ。その新規定は、一部の学生たちの要求をそのまま反映して、有色人種といわれる人びとが授業日をボイコットする代わりに、今後は学生も教授も含めて白人がその日は授業に来ないよう求める、というものだった。こうなると、すべてが変わってしまう。彼がメールでも、学生たちに対しても、説明しようとしている通り、「ある人びとが自分たちの果たしている役割を浮き彫りにするために、自発的に公共空間から一時的に離れることと、ある人びとに対して公共空間から一時的に離れるように強制することとの間には、いちじるしい相違があります。この後者のようなことは、私は公民権運動家として受け容れられません。おそらく、ユダヤ人として、とも言うべきでしょう。人びとが私に行ってもいい場所と行ってはいけない場所を指図し始めるなら、それを私は危険な兆候と感じざるを得ません」。

最低限の批判精神を備えた人なら誰でも、ニュアンスを精確に把握し、このような区別をする反レイシズム的な誠実さが分かるはずだ。大学キャンパスやバスなどの公共空間をボイコットして差別を告発するのは、進歩主義的な行動である。誰かが公共空間に入ることをその人の肌の色を理由に禁じるのは、その反対であり……隔離にほかならない！　このことを、ブレット・ワインスタイン教授は学生に説明しようとしているのに、学生たちは教室で彼に詰め寄り、取り囲み、教卓を叩き、「ほらほら！さあさあ！　ブレット・ワインスタインは出ていけ！」と叫んだ。

無類の忍耐強さをもって、この教育者は平静を保っていた。しかし、彼が論証を展開しているというのに、学生たちはますます興奮し、彼の言葉を遮って彼を侮辱し、レイシスト扱いし、議論を打ち切る。「白人だからって威張ってんじゃねえよ！　つべこべ言うな、討論の権利なんか、お前にはもうないんだ」。大勢の攻撃的な学生たちが彼を囲んだ輪がだんだん閉じていき、まるで今にもリンチを仕掛けようとする一味のごとき様相だった。事の成り行きを案じて、キャンパスの警察が教授を保護するために介入を試みる。学生たちはいっそう猛り狂う。「白人！　白人！」と叫び、仲間の白人学生たちに、警察と黒人学生の間に割って入るように求める。そのため、警察は肘で押し分けなければ、教授のところまで行って彼に怪我がないことを確認できない。ともあれ、これは小競り合いに過ぎなかった。白人学生たちは、通路を作ろうとする警官たちに少し押しやられただけだ。ところが、攻撃を仕掛けた学生たちはそこに、殉教者だ、犠牲者だと叫べる夢の場面を見つけたのだった。

教授たちを呼び出し、償いを要求する黒人学生たちは、彼らの動画で見ることができるのとは全く別の出来事を語った。彼らの説によれば、警察は、黒人学生たちを攻撃するために白人学生たちと取っ組み合いをしたそうだ！　震え声で語る彼らの話には耳を疑う。まるで前述の映画『デトロイト』に出てきそうな場面を語るのである。「おれたちをこんな酷い目に遭わせたことを忘れるな……」。家に帰って白人の子供を抱きしめるとき、このことを思い出せ」。法廷の被告席に座らせられたかのごとく、恐怖でコチコチになった教授たちは、何一つ発言する勇気がない。明らかに、彼らは学生たちに怯えている。拉致されんばかりの様子だ。

数日後、例の専制的学生たちの小グループは、教授たちを図書館で拘束し、警察の介入（これは数分間の出来事だった）を許したことについて、また、白人の特権について考えるよう要求した。白人男性である学長は誰よりも先に、学生たちにされるがままになっていた。罪悪感と恐怖が顔に表れている。彼がトイレに行ってもいいかとあえて尋ねると、攻撃を仕掛けた学生たちの内のリーダー格の黒人学生が言い返す。「我慢しろ！」と。学長は俯き、従う。

その前夜、学長はすでに長い屈辱の時間を全員出席の場で味わっていた。二時間かけて、エバーグリーン州立大学の学生たちは、この学長と、学長が代表する自称リベラルの大学を罵倒した。そしてもちろん、リーダー格の学生たちは生物学の教授の解雇を要求した。学長も、出席していた他の教授たちの誰も、あえて反論することができなかった。学生たちの吐く侮辱の言葉が、臆面なく下品で人種差別的なものになっていたにもかかわらず、である。「くだらないことばかり言いやがって！」「この野郎、いったい何様のつもりだ？」「とっとと出ていって警察と寝てこい！」「こいつら、おれたちに対してこんな仕打ちを四〇〇年前からやっている。ここいらの街を築いたのはおれたちだ。こいつらよりずっと前から文明を有していたんだ！」

罵倒の言葉がわめき散らされ、自分たちの新たな権力に酔いしれる仲間の学生たちの間でそれが拍手喝采され、まるでカルト集団の内部の光景のようだ。途中、ある場面では、これはサディスティックなゲームに興ずるリアリティショーなのではないのかとさえ思える。学長が学生の一人を指さすと、彼らに火がつく。黒人の女子学生がすごみを利かせて近づく。「あら、行儀が悪いわねえ、手を降ろしなさい、ジョージ！」学長は手を降ろし、もう動かさないという意味で背中の後ろに手を回した。奴隷さながら、ときどき手を動かしてしまうことを詫びる。「これで精一杯なんだよ」、と。学生たちは嗤《わら》う。新しい支配者となったことで大喜びし、奴隷制支持者のように振る舞い、この逆転を見るからに満喫している。ただし、彼らは学生であり、彼らが奴隷にしているのは反レイシストの教員たちなのだ。

この完全なカオスは、突然降って湧いたものではない。学長は自分で蒔いた種を収穫したのだ。ジョージには名前がある。ジョージ・サムナー・ブリッジスという。そして彼こそが、学生たちの精神状態の責任者なのだ。学生たちがそこまでやってもいいと思うように、教唆さえしたのだ。

年度初めに、反レイシスト的な善意が満ち満ちたこの新しい学長が、教員たちに真っ先に義務づけたのは、自分たちの「人種」を明示する自己紹介と、壇上における自分の特権の告白、および謝罪であった。このような屈辱を与えられる教員たちの青ざめた顔は見過ごせない。彼らは分かっているのだ。そんな自己紹介をおこなったとたんに、自分たちが教員としての正統性や、学生から尊敬される可能性をひとつ残らず失ったことを――。彼らの顔は歪んだ。声は震えた。しかもそれは、「白人、異性愛者、シスジェンダー」と自己紹介するように強いられる者たちだけではなかった。幾人かのレズビアンの教員たちは、彼女たちの社会的階層の中ではいち早く大学に入った女性たちであったのだが、目を伏せて特権的立場にいると言わなければならなかった！

別の日、この大学の多くの教育チームのメンバーが、彼らに子供相手のような口調で話しかける黒人の教授の指示により、架空のカヌーに一緒に乗船するよう促された。巨大なスクリーン上の偽の波に揺られる「カヌー」を擬した列をつくるに先立って、教授の一人一人が、黒人の学生たちに対して最大限好意的にふるまうことと、「白人的性質」を非難することを誓った。白人の女性教授が泣きそうになりながら、ほとんどトランス状態でマイクに向かって叫んだ。「わたくし、自分が白人的性質に飲み込まれていくことを拒否します！」。かくして、この一年の手本が示されたのだった。こうして完全に非人間化された教員たちを学生たちがサディスティックに扱っても、もはやだれも驚くまい。学生たちが反対意見を聴く能力を持ち合わせないことについても同様だ。

白人の教授たちは最初から、自分たちの肌の色によって教員としての正統性を否定されてしまったわけだが、それでもなお大学は、さも有り難い話を聴かせてくれそうな白人の導師を見つけてきた。すなわち、偉大なる「女司祭」ロビン・ディアンジェロ〔米国の社会学者、反レイシズム活動家、一九五六年生まれ〕である。左翼のアイデンティティ至上主義一派に褒め称えられるこの社会学者は、「白人の脆《もろ》さ」という疑わしいコンセプトの元祖だ。この非常に単純なコンセプトによれば、レイシストであることを否定する白人は、実際の反論の余地なくレイシストだと見なされる。レイシストだと非難されたときの反応が「素直」でないことや、論拠を挙げてその非難を打ち消そうとすること自体、その本人がレイシストであることの否定し難い証拠とされる。便利で冷酷なコンセプトなのである。人をレイシストだと非難する証拠がどこにあるのかと尋ねること自体が、まさに「大文字で書くレイシズム」の証拠だとされる。第一、なんだってそんなことを尋ねるのか。白人は必然的にレイシストだ、だって白人なんだから、というわけである。

ディアンジェロは、彼女自身が白人であることを理由に、自分をレイシストだと見なしている。「自分が人種差別的な考え方や行動をすることは避けられない」、というのだ。もうお分かりだろう、この「社会学者」は適切な個人療法をおこなう代わりに、疑似科学的なカテゴリーを持ち出して、レイシズム的思考に属する本質主義的な偏見を有効なもののように提示する。けれども、本人が丁寧にも予告してくれているように、彼女はレイシズム的思考を抑えることができない。なぜなら彼女は白人だから、というわけだ。さらに、彼女が思うには――エバーグリーン州立大学の学生たちの前でこう発言しているのだが――「レイシストになり得るのは白人だけだ」という。もしそうだとすれば、白人のいなかった地域には、奴隷制や反黒人のレイシズムは存在しなかったはずだ。人身売買が一三世紀間も続いたアラブ世界のどの国にも、また、黒人たちがゴキブリ扱いされることが時折あり、イスラム教原理主義者たちが黒人は肌の色からしてイスラム教徒であり得ないと否定することもあったマグレブ諸国にも。

どうしてこのような詐欺師たちを招待して、こんなプロパガンダを大学にばらまかせるのだろうか。ディアンジェロをエバーグリーン州立大学の学生たちを洗脳するために招いただけでなく、大学はそのためにとびきり気前のよい謝金を渡す。ディアンジェロの粗悪品の社会学は、講演一回ごとにおよそ一万二千ドルの利益を彼女にもたらす。それだけあれば、恵まれない環境にいるアフリカ系アメリカ人学生の奨学金を賄うことができる。見るからに大学は、一万二千ドルを奨学金に充てるより、裕福な白人女性のビジネスを太らせることを好む。しかもそのビジネスは、黒人たちには白人たちと対話するな、白人の話など聞くなと教え、白人たちには、あなたたちは生まれつきのレイシストだと教える商売なのだ。

自己への憎しみを露わにする傾向が、有名人たちの間でどんどん強くなってきている。ロザンナ・アークエット〔米国の女優、一九五九年生まれ〕は、いまやあまり映画で見かけることもなくなった女優だが、彼女が突然次のようなツイートを発信した。「白人として生まれて、特権的立場にいることが申し訳ない。うんざりするわ。本当に恥ずべきことだと思う」。このたぐいのツイートは何の役に立つのだろうか？　反発を買い、結果的に白人至上主義者の群れを大きくする以外には、見当がつかない。しかし、自己と他者への憎しみにどっぷり浸かったエバーグリーン州立大学の一部の学生たちが今日、なぜ白人教員と討議することを拒むのかは分かりやすくなった。彼らは、白人の教員を生まれつきの罪人と見なすのだ。あの大学は学生たちに、こともあろうにセクト主義者・人種差別主義者になることを教えたのである。

時代もまた、学生たちを後押しする。この若者たちは、自分たちが審問官のように振る舞えば振る舞うほど、メディアに載ることができると思っている。けれどもこの件では、エバーグリーン州立大学の学生たちはあまりに行き過ぎてしまい、彼らの欲しがっていた栄光をつかむことはなかった。いくつかの動画に収録された彼らの攻撃や侮辱の数々は、人びとにショックを与えた。『ヴァイス』〔カナダのデジタルメディア「ヴァイス・メディア」の雑誌〕のようなリベラル陣営のいくつかのメディアは、問題の大学に実地調査に行き、驚愕して戻ってきた。右翼保守系メディアのFOXニュースがどうしたかは、皆さん想像できるに違いない。視聴者たちがあまりにも興奮した結果、あるネオナチが放送局に電話し、キャンパスへ行って「あの蛆《うじ》虫ども全員を」殺してやると言い放った。言うまでもなくこの脅迫は、犠牲者的立場を主張することのプロフェッショナルたちを喜ばせた。

　ウイルス並みにインターネット上に拡散されたある動画で、アイデンティティ至上主義者の男性がこう話している。彼らのことは絶対に威嚇しない方がいい、むしろ嗤い者にするべきだ、と。彼自身、常軌を逸したエバーグリーン州立大学の動画に簡素で淡々とした調子のコメントをするだけで、それを非常にうまくやっているという。こういった過剰行為の一つひとつが、アイデンティティ至上主義の右派を太らせる。

アメリカでも、そろそろ病気が伝染してきているヨーロッパでも。

魔女狩り

東西対立の壁の崩壊と、「イデオロギーの終焉」宣言によって生まれた広々とした空間で進行したのは、世界の部族的再編成だった。いまや冷戦ではなく、アイデンティティ戦争が起こっている。Y世代とかミレニアル世代とか呼ばれている世代は、昔の奴隷制も、植民地支配も、強制移送も、スターリニズムも経験していない。インターネットを通して歴史的文脈から外れた時代錯誤的な目で世界を見るあまり、ときに自分が奴隷である、先住民である、さらには大虐殺の可能性に脅かされている、などと思い込むことがある。デジタル世界でリンチを仕掛けることは、彼らにとって、政治の学校、政党、社会的運動団体の代わりの役割を果たす。ミレニアル世代がネットの世界で覚えたのは、ちょっとしたツイートに夢中になり、自分の影よりも素早く怒鳴り散らしていちばん多くの「いいね」を獲得することだった。そうしたネット上の疑似裁判のありさまは、スターリン主義時代のソ連の裁判をものの見事に真似ているといえるほどである。しかもその疑似裁判は、昔は考えられなかったお手軽さで実施できるのだ。ただし、その舞台となるのはもはや裁判所ではなく、大学なのである。『マリアンヌ』誌〔フランスのニュース雑誌、一九九七年創刊〕のジャーナリストであるエティエンヌ・ジラールとアドリアン・マトゥーが、「人種に取り憑かれた人びと」についての調査をまとめ、フランスで、特にフランス社会学の中心における「大学の戦争」を巧みに描写している。[59] 闘いの結果は明白だ。普遍主義者たちは敗北した。いたる所にアイデンティティ至上主義者たちがいる。社会科学高等研究院でも、パリ第一大学やパリ第八大学でも、エコール・ノルマル・シュペリウール（高等師範学校）でも、規範はいまや、反『シャルリ・エブド』誌派の左翼に属することにある。つまり、「共和国の原住民」グループのシンパで、「有色人種」と「非―有色人種」の隔離を実行するワークショップを肯定し、何かというと他人の意図を勘繰《かんぐ》って「イスラム教フォビア」という非難を浴びせ、「文化盗用」の烙印《らくいん》による諸活動の排斥を好むという、そういうタイプの左翼に属することにある。

知的継承の頂上であるはずの大学で、「人種闘争」が「階級闘争」に、インターセ

59　Étienne Girard, Hadrien Mathoux, *art. cit.*

クショナリティがさまざまな闘争の収斂に取って代わったのだ。よりマルクス主義的な、あるいは単に普遍主義的なアプローチを提唱する人びとは、早々に地位を失っていく。現在の教授が次の教授の候補を選考するという大学システムの今日の実態を、若い政治学の博士号取得準備者が匿名希望で告発している。「もしあなたがブルデュー学派に属しておらず、ジェンダーや人種に関するテーマに食指が動くというタイプでない場合、あなたが大学に教員ポストを獲得する可能性は本当に小さい[60]」と。ある教授にいたっては、大学からのけ者にまでされた。リモージュ大学が「共和国の原住民」グループのリーダー、ウリア・ブテルジャを招聘したことを彼が非難したからだった。彼その人、ステファン・ドラン教授が『マリアンヌ[61]』誌に次のように打ち明けている。「博士課程の研究科委員長が私に理解させたのは、その研究科委員長が研究科委員長としているかぎり、私は正式契約のもとで博士号取得準備者の指導をおこなうことを許されないということだった」と。もっとも、大学の外の一般社会の世論においては、ポストモダン左翼はいまや急速に人気を失っている。その発言の一つひとつが、それに反発する極右の声を強く大きくする以外の役割を果たしていないからだ。この状況の中で、ポストモダン左翼は大学の中に立て籠もっている。さながら、ダーウィン進化論の教育に反対して進化論裁判に負けたあとの、かつての米国キリスト教右派のように――。大学の安全な壁の内側で、目下この左翼が、やがてわれわれの側の役割放棄に乗じて文化的復讐を果たすような後継者世代を育てている。学生たちに物事を文脈と意図に照らして判断することの重要性を教える代わりに、反レイシズムに関して学生たちがすでに持っているアイデンティティ至上主義的で犠牲者競争的なビジョンを強化しているのである。[62]

60 Étienne Girard, «Comment les "décoloniaux" mènent la "guerre des facts"», *Marianne*, 12 avril 2019.

61 *Id.*

62 まさにこのテーマを扱った本が、エリック・ファサン〔フランスの社会学者、一九五九年生まれ〕が兄のディディエ・ファサン〔フランスの人類学者、社会学者、一九五五年生まれ〕と共同執筆した、『社会問題から人種問題へ』*De la question sociale à la question raciale?* である。このようにエリック・ファサンは、「人種」という言葉をもはやカギ括弧でくくることすらしない。アメリカ式にしているわけだ。彼は『ル・モンド』紙とフランス・キュルチュール〔ラジオ・フランス運営の文化専門チャンネル〕のご意見番的社会学者で、アメリカ的「アイデンティティ政治」の強大な輸入者であり、「共和国の原住民」の大学方面における主要な支援者であり、彼自身、「共和国の原住民」を「解放運動」と受け取っている。その見解を彼はエコール・ノルマル・シュペリウールで教えていて、未来の教員となる世代にこうしたアイデンティティや文化盗用のビジョンを伝えている。

これからの世代、すなわち、文化やメディアや政治の場で地位を獲得し始めている世代は、「アイデンティティ政治」に染まっている。彼らはクオータ制の「インターセクショナル・フェミニスト」として、さまざまな映画祭の審査委員席に座っている。その地位を利して、文化盗用に対する闘いを率いている。その席に座ったままで、セーフスペースの文化から、「有色人種」の人びとにのみ充てられる「非混合」ワークショップの文化へとポジションを移したのである。

非混合性それ自体は、目くじら立てるほどのものではない。気軽に発言するために役立つ場合もある。非混合性が認められるのは、たとえばレズビアン映画のフェスティバルで、すべての人を対象に開催するには席が足りなくて、さらにはセキュリティーサービスを利用できず、参加者たちを侮辱しに来る野次馬や変質者たちから身を護る術がない場合である。性的暴行の被害者たちが発言しやすくするための場合も、非混合性は当然認められるだろう。こういったケースとまったく異なるのが「セミナー」を開催する場合だ。すなわち教育や、活動家たちとインテリたちの討議を、パリ第八大学がやっているように「非―有色人種」を、つまりは白人を除外しておこなう場合だ。もしレイシズムの犠牲者たちが気兼ねなく発言するために仲間同士で居たいのであれば、アソシエーションの枠の中でそうすればいい。しかし大学は、あらゆる人に開かれていて、異なる考え方が交流する場所であり続けなければならない。大学で隔離を実施することはできないのだ。たとえ、従来と逆のパターンであったとしても。

大学がむしろ、考えを持ち寄って議論したり、共通の文化を伝達したりするセーフスペースに戻ったらどんなにいいだろう。その聖域で実施できるのは、インターネット上では実現不可能な、礼儀正しいと同時に対立のある討論だ。そのような討論の会が、いまやますます計画しにくくなっている。

二、三年前から、審問官たちは思想の取り締まりを公然と展開している。いまや検閲はアイデンティティ関連の問題どころか、それ以上の物事に実施されている。極左のアイデンティティ至上主義的な学生たちは決まって、乱暴かつ物理的な方法で、自分たちと同じ確信を持たない講演者たちを攻撃する。講演者たちが穏健な右派、あるいは穏健な左派であろうと、社会民主主義者であろうと、普遍主義者であろうと関係ない。多くの大学で、極左または政治的イスラム主義のセクト主義的な学生らに嫌われている人物を招聘することは、もはや不可能になった。招かれて大学にやってきた人びとは即刻、過度に興奮した学生たちの群れからインターネット上でと同じように追跡され、セーフスペースへの不法侵入だと非難される。

私自身も、ブリュッセル自由大学で二度そういう目に遭った。二〇〇七年と二〇一二年のことだ。一度目は、私がニコラ・サルコジ〔元フランス大統領、一九五五年生まれ〕の治安第一主義な政治を告発した直後の時期だった。講演時には警察に保護してもらわなければならなかった。教室で、学生たちが叫んでいた。「卑劣なユダヤ人女め！フリーメーソン〔一八世紀初頭の英国から始まった世界主義的、人道主義的友愛団体〕団員！このイスラム教フォビアが！」。何人かが紙を丸めて投げつけてきた。私にパイ投げしようとした者もいた。彼らが特に気に入らないのは、デュドネ〔フランスの漫談師、政治活動家、一九六六年生まれ〕や、彼らのサークルによって繰り返し講演に呼ばれる政治的イスラム主義のグル、タリク・ラマダンに公然と対立する私の態度であった。そのしばらく前、トルコ人学生たちによって開催されたシンポジウムが、アルメニア人虐殺のジェノサイドを否認するに至っていた。以来、ショックを受けた学長が自分の大学に少しでも秩序を与えるため、大学が担《にな》うべき価値について考えることを目的として、「価値観を問う」と名づけた議論の場をスタートさせ、さらにはタリク・ラマダンがもはや歓迎される人物ではないことを明言していた。このイニシアティブを気に入らないと思った極左の学生たちは、大学にその代償を支払わせようとした。彼らから見ると、大学が基本的な諸価値を擁護するのは、それほどまでに論外のことだったのだ。

彼らが私の講演を攻撃したのは、大学側のこのような警戒心を脅かすための一つの方法だった。彼らは大学側の態度を権威主義の産物と受け取っていたのだ。それでいてアナーキストのその学生たちは、私の話をさえぎるために、「民主制なんか、くたばれ！」と叫んでいた。私の講演を聴きに来ていた教員たちは震え上がり、学生たちの暴力的態度に怯えていた。この日、私は知的任務の放棄を目の当たりにした。私はリング上で二時間耐えた。脅しに屈することを拒否し、飛んでくる侮辱の言葉も含めてあらゆることに応答した。最終的には、学生たちから静寂の瞬間をもぎ取り、彼らが私の話に耳を傾け、さらには拍手するように事を運んでいくことができた。無邪気にも私は、この肉体的パフォーマンス――現にその晩、私の体重は二キロ減っていた――に続いて、人びとが奮起してくれるだろうと信じた。ところが、そうはならなかった。

その後の日々、大学は大混乱に陥った。議論の場「価値観を問う」担当の女性教授エマニュエル・ダンブロンは、しばしば反ユダヤ主義的でもある脅しを大量に受け取った。彼女をかばうどころか、学長は「価値観を問う」を見捨てて平和を買うことを選んだ。私がある討論会に参加するためにブリュッセル自由大学を再び訪れたのはその五年後だったが、そのとき彼はもう大学のトップにはいなかった。その折には、私はベルギーの知識人二名、エルヴェ・ハスキンとガイ・ハーシャーと並んで、極右とレイシズムについて討議する予定だった。討論会は順調に滑り出した。けれども、一〇分と持たなかった。六〇名ばかりの極左および政治的イスラム主義の学生たちが、完全に箍《たが》の外れた態度で、聴衆席から私たちの話に割り込み始めた。彼らのうちの一人が人種差別的な悪口を投げつけてくると、私はすぐに反応し、それを告発した。彼らにとっては予定外だった。その煽動者たちが思い描いていたシナリオでは、私は罵言を聞き流すに違いなく、それで彼らの破壊的介入が正当化されるはずだった。私は反発したわけだが、彼らのシナリオは予め用意されていて、彼らの狙いは私が話すのを妨げることだった。したがって彼らは、予定外の成り行きになっても一層激しい攻撃に出てきた。他の聴講者たちは、状況をさっぱり理解していなかった。私は違った。SNS上で、カロリーヌ・フレストに「象徴的に石を投げつけよう」という呼びかけを予め目にしていたからだ。その作戦には名前までついていた。「ブルカ・ブラ・ブラ」〔ブルカは女性の身体全体を覆う、イスラム原理主義的な衣装〕だ。

「ブルカ・ブラ・ブラ」作戦は公然と私に、女性の身体全体を覆ってしまう衣装の着用に反対するフェミニスト的態度の代償を、またそれ以上にタリク・ラマダンの二枚舌を証明した著述の代償を支払わせようとしていた。この作戦を率いていたのは、タリク・ラマダンの信奉者数名だった。そのうちでも最も過激主義的な人物の一人であるスエル・シシャという男は、ブリュッセル自由大学に教授として雇われることに成功していた。怒り狂った彼は、自らイスラム・ヴェールを被った姿で、演壇までやって来て私を怒鳴りつけた。ところが、私たちが彼にマイクを向けて発言の機会を与えたところ、彼は一言もまともには話さず、主張の論拠を挙げることもできなかった。ただ単に、「ブルカ・ブラ・ブラ、ブルカ・ブラ・ブラ！」と一音節ごとに響かせ、仲間の徒党を煽っただけだった。あれほどの人数の急進主義者たちが、ヴェールやクーフィーヤ〔アラビア半島社会で男性が頭にかぶる装身具、頭巾〕を被り、今にも身体的暴力に走りかねないような態度で、大学構内を騒然とさせるのを見るのは私にしても初めてのことだった。そのうちの一人は偽の自爆ベルトを着用し、立ち上がって爆発装置を作動させる寸前の自爆テロ犯の真似をしていた。皆が大声で叫んでいた。討論への参加を目的としてやって来ていた人たちは、見るからに怯えていた。そして結局、討論会は中止になった。

この時ばかりは、「検閲」行為がベルギーのマスメディアで物議をかもした。大学の内部調査の結果、この襲撃を準備し、先導した教員が解雇された。また、その教員が、パレスチナで殺された子供たちの数を数えるように自分の学生たちを訓練していたことも発覚した〔このことは、その教員が欧州におけるレイシズム問題にパレスチナ問題を絡ませていたことを意味する〕。ブリュッセル自由大学の新しい学長、ディディエ・ヴィヴィエは、事態を放置しはしなかった。私もまた、告訴した。相手はその折の襲撃のリーダー格の一人で、インターネット上であえて私をアンネシュ・ブレイビク〔二〇一一年にノルウェーで起こった連続テロ事件の犯人〕というネオナチのテロリストのたぐいであるかのように扱っていた。私はベルギー政府当局が、騒動を起こしたこの小グループを監視してくれるよう望んでいた。

その日の夜は、かつてなかったほどに脅迫されている感じがした。数年後私は、ブリュッセル自由大学におけるあの「大騒ぎ」――マスコミはこのように呼んだのだ――の首謀者がシリアから帰国したというニュースに接した。その男は、なんとISに合流するためにシリアに行っていたのだった。警察やマスコミの問いに対して彼は、戦闘には参加していないと誓った。単に、テロリスト組織がおこなっている「人道主義的な」（！）プロジェクトを研究しに行っただけだという[63]。彼は逮捕されなかった。今日、彼はどこでも自由に行けるし、そうしたければ、私の講演にまた現れることもできる。

政治的イスラム主義者たちから殺害の脅迫を受けている人びとよりもはるかに簡単

に、彼のような人物は大学に出入りする。実際、さまざまな学生サークルが何の困難もなく、デュドネのような反ユダヤ主義の煽動者や、ウリア・ブテルジャのようなハマス贔屓の過激な女性革命運動家たちを大学構内に招いている。それに対して、週刊諷刺新聞『シャルリ・エブド』のメンバーが、表現の自由やライシテ〔世俗性、政教分離〕を擁護するために学内に足を踏み入れるのは難しい。アメリカでもイギリスでも、ジハーディストグループから殺害脅迫を受けた発言者たちの保護費は非常に高額で、少なくとも二万ユーロはかかるため、彼らが招聘されることはほとんどない。その上、その人たちが大学に来るとなれば、極左や政治的イスラム主義の学生たちが彼らを罵倒しに押しかけるのは確実なのである。

ロンドン大学では、二〇一七年にイラン人フェミニストのマルヤム・ナマージー〔イランの政治家、一九六六年生まれ〕がイスラム教徒の学生グループに攻撃された（叫び声を浴びせかけられたり、会場の電気を切られたりした）。学生グループは彼女の言葉が自分たちのセーフスペースを侵害すると大声で主張したのだった。珍しくその折

63 «L'un des ex-chahuteurs de Caroline Fourest à l'ULB est allé en Syrie et s'explique», *La Libre Belgique*, 14 août 2015.

には、大学は抵抗した。それはまた、パリ政治学院のケースでもある。同学院の学生たちが、フランスの著名評論家アラン・フィンケルクロート〔一九四九年生まれ〕の講演を邪魔しようとしたときのことである。講演は決行されたが、厳戒態勢のもとでひっそりとおこなわれるほかなかった。ところが、そのことに対し、フランス全国学生連盟UNEFが抗議した！ 声明を出し、同連盟は彼らが「自分たちの」大学だと思っている場で、A・フィンケルクロートのような論調の知識人が講演できたことに遺憾の意を示した。セーフスペースを巡って発生するのは明確に縄張り争いであり、脅し合いであり、その狙いは他のすべての人びとを遠ざけて、それぞれのアイデンティティ至上主義的ビジョンを押し通すことにあるのだ。

二〇一九年一〇月、医学援用出産をレズビアン・カップルにも適用可とすることに賛成する学生たちが、このテーマに関して比較的保守的な見解を有する本質主義的フェミニスト、シルヴィアンヌ・アガサンスキー〔フランスの哲学者、一九四五年生まれ〕のボルドー・モンテーニュ大学における講演を妨害した。冷静な態度で彼女への反論を述べに来る代わりに、暴力をちらつかせて講演を威嚇したのだ。これに対して、毅然とした対応をするどころか、この大学は譲歩してしまった[64]。

同月にパンテオン・ソルボンヌ大学の当局は、あるセミナーの中止を決めた。それは、イスラム系急進主義を予防する趣旨のセミナーで、アルジェリア出身のジャーナリスト、モハメッド・シファウィ〔一九六七年生まれ〕が二年前から構想していたものだった。シファウィがその急進主義現象を最もよく知る人物の一人となったのは、一九九〇年代にテロの波がアルジェリアに襲い掛かり、彼の新聞を押し流してしまった頃からだ。中止されたプログラムは、パリを代表するイスラム教寺院「グランド・モスケ・ド・パリ」と八〇名以上のイマーム〔学識あるイスラム教学者の尊称〕とのパートナーシップのもとで考案されていた。シファウィを中傷する者たちは不当にも彼を「イスラム教フォビア」だと非難し、十分にアカデミックな人物ではないと見なした。あたかも、急進主義のような現象を予防するにあたって、彼が持っている経験が不必要であるかのように。ほんの一握りの政治的イスラム主義団体と、それに続くいくつかの学生組合が圧力をかけるだけで、セミナーをつぶすに事足りたのだった。

いちばんグロテスクな出来事が起こったのは、スターリン主義もどきの若者たちがフランス元大統領のフランソワ・オランドの講演を妨げたときのことだった。彼がリ

64 Fabien Leboucq, «PMA : pourquoi la conférence de Sylviane Agacinski a-t-elle été annulée à l'université de Bordeaux?», *Libération*, 27 octobre 2019.

ール大学の法学部で自分の本について話し始めようとしていたとき、学生団体「ソリデール（連帯する者）」に近い百人ほどの学生が「オランド、この人殺し！」と叫んで講堂になだれ込んだ。彼の本を破いてみせる者までいた。彼らの言い分では、それは雇用不安定に抗議するための行動だった。実はその数日前に、リヨン市の若い学生が奨学金を失ったせいで自殺していたのだ。元大統領が話をする場所の前でマネキン人形を燃やすのならば意味を持ち得ただろう。彼を「人殺し」扱いして書物を破るのは、かつてのスターリン主義のつるし上げ訴訟を思い出させるだけで、何の意味もない。すべてを相対化するあまり、審問官たちは民主主義者と独裁者の、抗議することと検閲することの区別がつかなくなっている。

問題なのは、一部の若者たちの逸脱だけではない。一部のエリートたちが文化的に責任を放棄していることも、問いただされるべきである。いったい人はいつまで、ここに述べてきたような脅迫を黙認し続けるのだろうか。これがわれわれをどこへ導いていくか、人びとには見えないのだろうか。

結びに

アイデンティティ至上主義の左派が、これほど自由殺し的でセクト主義的なやり方で反レイシズムをバカげたものにしてしまうかぎり、アイデンティティ至上主義の右派は人びとの精神を、心を、腰部《ようぶ》をつかみ、そして選挙で勝利していくだろう。左派が検閲、民族、宗教、そして特殊主義を擁護するあまり、自由の護り手というおいしい役回りを右派に譲ってしまうのだ。

ちっとやそっとでは揺るがない毅然とした被抑圧者たちが逆境の下で生まれていた時代は、いまや遥か昔だ。私たちの先達は「わずかな屈辱」ではなく、本物の屈辱に耐えてきた。アイデンティティ至上主義の左派に属する「傷つけられた人びと」は、人種差別、アパルトヘイト、ナチズムに対する闘いの激烈さを体験していない。彼らは妊娠中絶の権利のために闘ったこともないし、ニューヨークのゲイバー「ストーンウォール・イン」の人びとのように、逮捕されずに愛する権利の名において、店に踏み込んでくる警察と闘ったこともない。彼らはといえば、異文化への遠慮から学生食堂でアジア料理を食さないように運動したり、ヨガへの入門を拒否したりしている。彼らの過敏な皮膚感覚は、ほんのわずか困ったことがあるだけで過剰反応してしまう。敏感さが過敏さに転じて、反レイシズムをバカげたものにしてしまう。

この逸脱の背景には、重なり合うさまざまな現象がある。まず、下劣で侮辱的で憎しみに満ちた言葉遣いと闘おうとする正統な意志。ポリティカル・コレクトネスが今日、明らかに行き過ぎた状態に陥っているとしても、昔の支配的で、規範押しつけ的な言葉遣いに立ち帰ることは論外である。憎悪への、また、他殺への教唆は罰せられなければいけないし、ヘイトスピーチはSNSでもメディアでも規制されなければいけない。しかし、ユーモアや、クリエイティブな表現や、裏の意味を表す暗示的表現は規制されるべきではない。言葉や絵の粗暴さと、行為の粗暴さを混同してはならない。もし話す自由が、あるグループや、ある個人が不快感を覚えたとたんに毎回止められてしまうとしたら、討論も、単なる会話も、民主制そのものも、窒息してしまう。進歩とは、黙るのを学ぶことではなく、よりよく話し合うことを学ぶことだ。

たとえやり過ぎのことがあるにしても、言葉を解放する #MeToo のような運動は続行されるべきだ。レイプとセクシャルハラスメントが何世紀も続いたのだから、言葉の解放は必要不可欠である。恥辱が被害者たちを身動きできなくさせていた。その恥辱がようやく加虐者たちの側に移ったのだ。それでも、世論の法廷は司法には取って代わり得ない。司法は、ひとりの男性の評判を打ち砕く前に、検察側からも弁護側からも問題を検討する。メンタリティを進歩させるための最も強力な武器となるのは、映画やテレビを通して誰もが数限りない人格に自己投影できるような、新しい想像の世界をエンカレッジすることである。しかし、どうかお願いだから（！）、戯画的ビジョンに閉じ籠もらないでほしい。その中では役者が自分の民族グループの人物しか演じることができず、ポリティカル・コレクトネスに抵触しない台詞しか口にすることを許されない、そんな文化的純正保証付きの映画を求めるようなビジョンに閉じ籠もらないでほしい。

強制的な決まりや境界線を設けて、当然のことを拒否するのはおかしい。アリアーヌ・ムヌーシュキンが見事に述べたように、インスピレーションは「神聖な泉」であり、私たち皆の渇きを潤してくれるものであるはずだ。たしかに借用は上品な形でおこなわれなければならない。オリジナルを尊重し、しかるべく引用することが必要だ。商業的に利用する場合は、公正な取引としておこなわなければならない。文化、音楽、文学などの領域では、オマージュとは略奪ではなく、混血である。つまり混合文化であり、それをアイデンティティにこだわる審問官たちが窒息へと追い込みつつあるのだ。SNSは、群れを成して獲物を狩り立てることや、同じ思考回路をぐるぐる回ることへと促している。大学は、自分の傾向に抵抗して思考することや、脈略化すること、侮辱に耐え、論拠によって答えることを教える場でなければならないはずだ。ところが、逆のことがおこなわれている。学生たちはスーパーマーケットにいるような気分でいる。時代は勇気ではなく、犠牲者を聖別する。脅迫を前にして、責任放棄が相次いでいる。

この地獄のような悪循環を、好循環に転換することが必要なのだ。事態がこのまま進行するのを見過ごしてはならない。アイデンティティと文化に関する、この迫害的でセクト主義的なビジョンの輸入を止めよう。手遅れになる前の奮起に希望をかけて。

警報を発する人びとはすでに何年も前から、知的世界のあちらこちらに存在していた。早くも一九八七年には、米国の古典主義的哲学者のアラン・ブルーム（一九三〇～九二）が著書『アメリカン・マインドの終焉』（菅野盾樹訳、みすず書房刊、一九八八年）の中で、大学における相対主義の危険性を指摘していた。この警鐘を共有したのが、民主党支持の大学教授、アーサー・M・シュレシンジャー・ジュニア（歴史家、一九一七～二〇〇七）だった。公民権運動家でもあった彼は、あのジョン・フィッツジェラルド・ケネディの補佐官も務めた人物だ。彼の『アメリカの分裂――多元文化社会についての所見』〔都留重人監訳、岩波書店刊、一九九二年〕が出版されたのは、一九九一年だ。この本は現代においても、とてつもなく予見的な警鐘だ。[65] シュレシンジャーは、「ポスト・イデオロギー」の時代の到来を、不安感をもって指摘している。民族的、宗教的忠誠心によってネイションを紡ぐものが呑み込まれてしまいかねないような時代だというのだ。そうした分離主義的な部族的再編成が、シュレシンジャーの見るところ、アメリカン・ウェイ・オブ・ライフを脅かす。彼はとりわけ、アメリカの大学教育が様変わりして、その教育の場で一つの共通の歴史を伝達することができなくなっていることに驚愕したと言っている。そして、多文化主義の逸脱と「アイデンティティ政治」を問題視し、表現の自由、さらには冒瀆の自由を否定するアイデンティティ政治の自由抹殺的傾向を批判している。それらの傾向が、彼の目には、やがて「文化戦争」に行き着きかねない火種のように映っていた。今日、私たちはまさに文化戦争の渦中にいる。シュレシンジャーの懸念は当たっていたのだ。

三〇年後、フランシス・フクヤマ〔米国の政治学者、一九五二年生まれ〕が同様の現状

65 Arthur Meier Schlesinger Jr., *The Disuniting of America : Reflections on a Multicultural Society*, W. W. Norton & Company ; Revised and Enlarged Edition, 1998.

認識を提示した。彼は一九九二年に『歴史の終わり』でイデオロギーの終焉を宣言したが、その後の試論『IDENTITY——尊厳の欲求と憤りの政治』〔山田文訳、朝日新聞出版刊、二〇一九年〕で追跡したのは、アイデンティティ至上主義の復活によって生じたさまざまな災禍であった。アイデンティティ至上主義は極左によって広められるのだが、例によって例のごとく、結局は極右において成功を勝ち取る。[66] なぜなら極右のほうが、あのティモス〔ギリシア語で勇気を表す〕を、ひとつのネイションの内に存在する、「自らの尊厳の承認を強く望む精神」をよりよく体現するからである。[67] フクヤマは確信をもって、この共通の精神を考慮しないかぎり、アイデンティティ政治の人気取り的で断片的な政策に身売りしているかぎり、左派はもはや、政治のひのき舞台に戻って来られないだろうと述べている。救済は、フランス風の共和主義的左派からもたらされるだろう。それはまた、マーク・リラ〔米国の政治学者、一九五六年生まれ〕の見解でもある。冴えのある論争の書の中で、この親仏家の自由主義者は、さまざまな証拠を示して、アイデンティティ至上主義の左派が「アメリカをバラバラにした」と告発している。彼もまた、普遍主義的進歩主義の到来を望ましいものと判断している。曰く、「われわれは共和主義的左翼になるべきだ[68]」と。

まさにそのタイプの左翼に、私は賛同している。アイデンティティ至上主義の左派に対抗して、普遍主義的アプローチを喚起する立場からの態度である。フランスの「国民戦線」（現在の名称は「国民連合」）やアメリカの宗教右派のようなさまざまな過激な運動体をここ二〇年間調査してきたことにより、緊急性を要するというこの気持ちはいっそう強まっている。アイデンティティにこだわる道を選んでいてはけっして平等に向かうことはできず、むしろ報復に行き着く。

「アイデンティティ政治」や「ポリティカル・コレクトネス」に対する、建設的な批判が保守陣営から出てくることはないだろう。保守陣営がマイノリティの専制政治を告発するのは、特権者たちの支配を復活させるためでしかない。多文化主義のさまざまな短所を指摘するのも、単一文化主義に戻るためでしかない。「ポリティカル・コレクトネス」を嘆くのも、好き勝手に言葉を投げつけることができるようにするためである。代案は、つまり本当の解決策は、誠実な反レイシストたちからしか出てこない。それを口にするには、ある種の勇気が必要だ。たとえば、友人たちや同輩たちと

66 Francis Fukuyama, *Identity : The Demand for Dignity and the Politics of Resentment*, Profile Books, 2018.
67 *Idem*, p.13.
68 Mark Lilla, *op. cit.*, p. 31.

仲たがいする覚悟が必要。「レイシスト」扱いされたり、「イスラム教フォビア」扱いされたりしても動じないことも必要。これは非常に辛い。けれども、アイデンティティ戦争を阻止するには、脅しにも敢然と立ち向かわなければならない。この奮起は、次のことを求める。文化盗用の名で仕掛けられる、さまざまなバカげた訴えを今後は却下する。大学の中のさまざまな職位やポストを取り返す。多様性だけではなく、平等を擁護することを学び直す[69]。その際、社会的不平等に対する闘いと差別に対する闘いの間で競争するという誘惑に負けてはならない。

レイシズム、反ユダヤ主義、セクシズム、ホモフォビアなどに対する闘争は二義的ではなく、「ブルジョア的な」戦闘でもない。差別は実際に、人びとを殺し、破壊し、堕落させる。この毒性を武装させている偏見に、私たちは挑み続けなければならない。しかし、そのためには賢明な方法をとる必要があり、人びとを説得し、障碍を取り払い、ステレオタイプを解体し、民族という枠の鎖を断ち切り、役割やジェンダーの分配を見直すといったリアルな目標に邁進しなければならない。流動的なアイデンティティ、自由なセクシャリティ、トランスカルチャー主義、混血の社会を夢見つつ――。これの正反対が、アイデンティティ至上主義的左派の世界である。彼らは人びとをもともとの枠に閉じ込める紛争や、犠牲者至上主義的競争や、終わりのないさまざまな対立にふけっている。

傷つけたとか傷つけられたとかいったことばかりの世界で、私たちは息が詰まっている。そろそろ深呼吸し、自由を損なわずに平等を擁護することを学び直そう。

69　これは米国の作家、ウォルター・ベン・マイケルズ〔一九四八年生まれ〕の主張であり、彼は人種闘争よりも階級闘争をしていた時代のほうがよかったと考えている。彼の著作 *The Trouble with Diversity: How We Learned to Love Identity and Ignore Inequality*〔日本語には未訳〕の仏語訳タイトルは『平等に反する多様性（*La Diversité contre l'égalité*）』なのだが、これは、その訳書が公にされる数か月前に私もまた『ル・モンド』紙の中で用いていた表現である。マイケルズの見立てでは、社会文化的テーマに突然集まるようになった強い感情が、市場経済によって作られた不平等の受け容れという現実を隠蔽している。彼曰く、「多様性は平等を確立する手段ではない。それは不平等を管理する方法の一つだ」。実際、深刻な不平等に対抗する真の進歩主義的思想の息吹を再び見出す必要が生まれてきている。（«*La Diversité contre l'égalité*», par Caroline Fourest, *Le Monde*, 17 janvier 2008）

謝辞

これまでの私のすべての著作と同様に、この本が完成したのは担当編集者、クリストフ・バタイユのおかげである。また、いつものようにオリヴィエ・ノラとグラッセ社のスタッフ全員の着実かつ臨機応変な協力の恩恵を受けたことをここに記し、厚く御礼申し上げる。

訳者あとがき

本書は、二〇二〇年にパリのグラッセ社から刊行されたカロリーヌ・フレスト（*Caroline Fourest*）の本、*Génération offensée : De la police de la culture à la police de la pensée* の完訳です。この原題は、およそ、「傷つけられた（と感じる）世代——文化の統制から思想の統制へ」といった意味のフランス語です。日本語訳のタイトルを『「傷つきました」戦争——超過敏世代のデスロード』とするにあたっては、あらかじめ著者の許可を得ました。

この「あとがき」では、時事的評論といってよいであろう本書が現代のどういう側面をテーマにしているのかを略述した上で、日本初登場となる著者カロリーヌ・フレストの経歴を手短に紹介しておこうと思います。

●作品のテーマ

まず、本書の原典の初版が世に出た二〇二〇年より後の事象を引き合いに出すことをお許しください。

二〇二一年一月二〇日におこなわれたジョー・バイデン米国大統領の就任式で、当時ハーバード大学在学中の二二歳の黒人女性アマンダ・ゴーマンさんが自作の詩を朗読したことを憶えている人は少なくないでしょう。生中継で世界中に伝えられたゴーマンさんの詩は、その後各国語に翻訳されましたが、その際、翻訳者の人選をめぐっていくつかの問題が発生しました。

オランダでは、翻訳権を取得した出版社が、イギリスの「国際ブッカー賞」を最年少で受賞した作家マリエケ・ルーカス・ライネベルトさんに白羽の矢を立てたところ、白人が黒人の作品の翻訳者に選ばれるのは不適切だという批判がSNS上で巻き起こり、ショックを受けたライネベルトさんが、自ら「『素晴らしく名誉な仕事』になっていたはずだ」と述べるその翻訳を辞退しました。[1]

スペインでカタルーニャ語への翻訳を当初担当したのは、シェイクスピアやオスカー・ワイルドを訳したキャリアのある六〇歳代の男性翻訳家ビクトル・オビオルスさんでしたが、この人もA・ゴーマンさんの詩を訳す仕事から降板しました。米国側から、若い黒人女性の作品を訳すには「女性で、若く、〔社会運動の〕活動家であることが必須で、黒人が望ましい」、したがって、あなたは「ふさわしくない」との連絡を受けたというのです。[2]

オランダのライネベルトさんも、カタルーニャのオビオルスさんも、翻訳の力量を疑われたわけではありません。作者本人と属性が異なるというアイデンティティの不一致を理由に、翻訳者不適任とされたのです。

能力ではなく、属性によって翻訳者の適性が判断されたこの事件は、同じ詩を日本語に訳した鴻巣友季子さんがいみじくも書いておられるように、「表象にかかわる『代弁者の資格』という、たいへんむずかしい問題」の一端です。事の本質は、「翻訳だけでなく、小説、詩、絵画、映画などの創作物、ドキュメンタリー制作、舞台演技、演奏、はては料理など、あらゆる文化、あらゆる表現行為に関わって」[3]います。さらに突き詰めれば、多様な属性を持つ複数の人間のあいだの対話や議論の可能性に、ま

1 「黒人詩人作品めぐり騒動、白人作家が翻訳辞退 オランダ」AFP、二〇二一年三月三日付け(https://www.afpbb.com/articles/-/3334566?cx_part=search)。

2 「黒人詩人作品でまた騒動、『属性』理由に白人翻訳者の契約解除」AFP、二〇二一年三月一一日付け(https://www.afpbb.com/articles/-/3336122?cx_part=search)。

3 鴻巣友季子「訳者解説」、アマンダ・ゴーマン著『わたしたちの登る丘』鴻巣友季子訳、文春文庫、五二一～五二三頁。

た、普遍主義か多文化主義かといった共生のルールのあり方に帰結していく人間観、社会観の問題です。

この問題こそ、A・ゴーマンさんの詩の翻訳者の採用と排除をめぐる事件にも先立って世に出ていた本書が、アメリカ、カナダ、イギリス、フランスなどの多くの具体的事例に言及しながら論じているテーマにほかなりません。

●著者の経歴

カロリーヌ・フレストは、フランスの著名なジャーナリスト、評論家で、映画監督でもあります。一九七五年に南仏エクサンプロヴァンスの中産階級に生まれた彼女は、両親の離婚後、一四歳で母親とともにパリに移住し、思春期をとおして自分が同性愛者であることを自覚し、心理的葛藤を経験したあと、かなり早い時期にカミングアウトしたそうです。

パリ第一大学や社会科学高等研究院（EHESS）で高等教育の免状を取得しつつ、彼女は一九九〇年代後半からジャーナリズムの世界で活躍し始めました。「選択の自由」を主張する「プロチョイス」系の雑誌を創刊し、マイノリティに平等な権利を与えるための闘いを、とりわけ、同性・異性を問わず成年に達した二人の個人が安定した持続的共同生活を営むための民事連帯契約（ＰＡＣＳ）――結婚より規制が緩く、同棲より法的権利が強い契約――の法制化を求める運動を展開したのです。当時の主要な敵は、極右政党の「国民戦線」でした。

二〇〇〇年代に入ると、カロリーヌ・フレストの批判と告発は、極右にだけではなく、イスラム原理主義の政治的策動と、「イスラム教フォビア」と見なされるのを恐れてイスラム原理主義に対抗しない一部の左翼にも向かうようになりました。

この時期の彼女の著作のうち、二〇〇四年刊の *Frère Tariq. Discours, stratégie et méthode de Tariq Ramadan*（『同胞タリク――タリク・ラマダンの言説、戦略、方法』未訳）は格別の注目に値します。近代的自由を受け容れるイスラム学者としてきわめて評判の高かったタリク・ラマダン（一九六二年、スイス生まれ）の二枚舌をいち早く暴いた本とも見なされているからです。Ｃ・フレストは二〇〇九年にテレビの討論番組で、口頭の論戦では無敵とも思われていたタリク・ラマダンに一対一で対峙して九〇分間一歩も引きませんでした。以来、「手ごわい論客」との評判が定着しています。

彼女はまた、二〇〇四年から〇九年にかけては諷刺新聞『シャルリ・エブド』の常連執筆者でした。二〇一五年に編集部がイスラム原理主義者らに襲撃されて多くの仲間が殺害されたのちには、いっそうの熱意をもって表現の自由と、どんな宗教の法典も共和国の法に優越することがないようにする「ライシテ」（世俗性、政教分離）原則を擁護しました。特定の宗教への帰依を理由に他者を差別することは断じて許されないが、他者が信じている宗教の神を冒瀆する権利は堅持されなければならないという立場を明示しました。

一九九九年に施行された民事連帯契約（PACS）や、二〇一三年に法制化されるに至った同性婚へと向かったかつてのフレストの闘いが平等の追求であったとすれば、冒瀆の権利を再確認した二〇一六年刊の *Éloge du blasphème*（『冒瀆礼讃』）や二〇二〇年刊の本書『「傷つきました」戦争』は、表現する自由、考える自由、発言する自由、創造する自由など、特に人間の自由を救い出そうとしているように見えます。

この二つの評論の発表の間に、カロリーヌ・フレストは『レッド・スネイク』（原題は *Sœurs d'armes*）という映画を製作しました。これは、イラク西部でIS戦闘員の奴隷にされた若い女性がISから逃れ、女性ばかりの特殊部隊「蛇の旅団」の一員となり、ISとの激戦に身を投じていくというミリタリーアクションです。書物の中や討論会場では冷静沈着なフレストが、映画では自らの闘志と熱い感情を迸《ほとばし》らせるのかもしれません。

フレストは昨年、論説委員の一人として参加していたニューズマガジン『マリアンヌ』を離れ、三人ばかりの仲間と共に紙媒体の政治週刊誌『フラン゠ティルール』を創刊し、そこを言論活動の本拠地にしています。この「闘う週刊誌」の趣旨説明文から少しばかり文言を抜き出して、カロリーヌ・フレストの現在のスタンスを示唆しておきます。

「ポピュリズムとの闘い。あらゆるアイデンティティ至上主義的な狂熱との闘い。ある一つの宗教への憎しみを『ライシテ』の擁護のように粉飾する極右との闘い。反転した反レイシズムの名において人びとを肌の色で選別し、ご都合主義のフェミニズムにしたがって、あえてヴェールを取り去ったために拷問にかけられている女性たちよりも、女性差別のシンボルを公然と掲《かか》げる権利を擁護する極左との闘い。……[4]」

本書の翻訳企画を快く受け入れ、いい感じの本に編集してくださった中央公論新社編集部の石川由美子さんに感謝いたします。

堀　茂樹

4　https://www.franc-tireur.fr/notre-engagement

著 者

カロリーヌ・フレスト（Caroline Fourest）

1975年生まれ。フランスのジャーナリスト、映画監督、フェミニズム雑誌「プロショワ」創刊。EHSS（社会科学高等研究院）卒、ソルボンヌ大学修士号。歴史・社会学専攻。2012年まで「シャルリー・エブド」コラムニスト、2016年からニューズマガジン「マリアンヌ」に参加。報道番組のレギュラー解説者も務める。現在、政治週刊誌「フラン＝ティルール」で論説活動を展開。

訳 者

堀 茂樹（ほり・しげき）

1952年生まれ。フランス文学者、翻訳家、慶応義塾大学名誉教授。主要訳書にアゴタ・クリストフ『悪童日記』『ふたりの証拠』『第三の嘘』をはじめ、ノーベル文学賞を受賞したアニー・エルノー『シンプルな情熱』『ある女』、ヴォルテール『カンディード』、エマニュエル・トッド『我々はどこから来て、今どこにいるのか？』など。

「傷《きず》つきました」戦争《せんそう》
──超《ちょう》過《か》敏《びん》世《せ》代《だい》のデスロード

2023年3月25日　初版発行

著　者　カロリーヌ・フレスト
訳　者　堀《ほり》　茂《しげ》　樹《き》
発行者　安部　順一
発行所　中央公論新社
〒100-8152　東京都千代田区大手町1-7-1
電話　販売 03-5299-1730　編集 03-5299-1740
URL https://www.chuko.co.jp/

ＤＴＰ　嵐下英治
印　刷　図書印刷
製　本　大口製本印刷

Published by CHUOKORON-SHINSHA, INC.
Printed in Japan　ISBN978-4-12-005641-3 C0036
定価はカバーに表示してあります。落丁本・乱丁本はお手数ですが小社販売部宛お送り下さい。送料小社負担にてお取り替えいたします。